Maman, vends le cochon

Maman, vends le cochon

un déménagement décalé

LIVRES
LEMAS

Tottie Limejuice

ISBN 978-2-901-77318-4

Table de Matières

Note de la traductrice

L'ambiance de ce récit est celui d'une soirée entre amis au coin du feu. Le style est donc familier plutôt que littéraire et j'ai voulu conserver son oralité.

À travers cette traduction, je souhaite vous prendre par la main et vous inviter dans le monde de Tottie, plutôt que tirer son monde dans le vôtre. Vous y trouverez des mots et des expressions en anglais ou en langage biblique. J'espère que les petites explications suffiront à éclaircir certains idiomes et, dans une certaine mesure, quelques mystères de la culture et de la mentalité britannique. J'essaie, surtout, de trouver pour l'auteur sa voix authentique en français.

Je voudrais remercier pour leur aide indispensable l'équipe de relecture : Elisabeth Kruch, Lucette Prat, Luce Dourille, Irène Pierre et, surtout, James Prat. Je reste responsable de toute erreur qui pourrait persister.

Alison Sabedoria, Ambert 2016

À la mémoire de mon frère Peter qui,

malgré tous ses travers et contre vents et marées,

nous a tous amenés en France,

ainsi permettant à notre mère

une meilleure qualité de vie

pour les années qui lui restaient.

Chapitre 1
Bum, Bougre et Boby-Bouille

Oh, non ! Encore un livre sur une famille anglaise qui vient s'installer en France ? Oui, mais je peux garantir que vous n'avez jamais rencontré une famille comme la mienne.

Beaucoup de britanniques s'expatrient sur le sol français, mais bien peu le font comme je l'ai fait : avec un frère alcoolique et dépressif, et une mère qui frôle les quatre-vingt-dix ans, atteinte de démence et avec un goût particulier pour des mots comme « popotin » et « bougre ».

Pourquoi, alors ? Pourquoi la France ? Et pourquoi, surtout, l'Auvergne profonde ?

Ce récit intensément personnel raconte comment une famille mal assortie – certains diraient, peut-être, dysfonctionnelle – a choisi de rompre tous liens avec le Royaume-Uni pour venir en France, et il donne un aperçu de certaines des tracasseries qu'elle a dû surmonter en route.

* * *

On dit qu'en vieillissant, nos parents deviennent nos enfants. C'est pourquoi, maintenant qu'elle a quatre-vingt-neuf ans et que j'ai une bonne cinquantaine, je m'entends constamment dire à ma mère toutes les choses qu'elle avait l'habitude de me dire quand j'étais enfant. Des choses du genre « T'as besoin de passer au toilettes avant de sortir ? » ou « Tu dois mettre ton manteau, il fait froid dehors ».

Et, vu qu'elle vit une sorte de deuxième enfance glorieuse, à cause de la démence qui la touche maintenant, je dois la gronder constamment quand elle montre quelqu'un du doigt dans la rue en disant : « Regarde-moi son gros popotin ! »

Le mot « *bum* » (popotin) elle aime l'employer souvent. Elle est encore suffisamment alerte pour savoir que c'est un peu grossier, alors, elle le glisse dans la conversation, comme une enfant polissonne qui fait son numéro, puis elle se met à rire d'un air coupable.

Sa mémoire à court terme est partie depuis bien longtemps, et celle à moyen terme n'est pas pleinement fonctionnelle. Elle n'a pas encore tout à fait perdu la boule, mais c'est plus ou moins le cas lorsqu'elle se déshydrate. Une chose qui se passe à une fréquence effrayante, même dans une maison de retraite ou à l'hôpital, surtout quand elle souffre d'une infection urinaire, ce qui lui arrive bien trop souvent.

On passe beaucoup de temps à parcourir son énorme collection de photos. C'est une chose qu'elle adore faire et, comme elle n'en a aucun souvenir du jour au lendemain, on peut le faire jour après jour, indéfiniment. Cela l'amuse toujours, l'aide à passer un bon moment et c'est censé être bénéfique pour lutter contre la démence. Bien qu'elle connaisse les visages de ses vieilles amies, elle ne se souvient pas de leurs noms. Ainsi, je l'encourage avec des indices simples et nous jouons à la devinette jusqu'à ce qu'elle y arrive.

Je lui demande, montrant une photo de sa meilleure amie :

« Qui est-ce ici ?

– Boby-Bouille, elle répond tout de suite (une expression inventée qu'elle sort lorsqu'elle ne retrouve pas le vrai nom de quelqu'un).

– Elle s'appelle comme une pierre précieuse, lui dis-je, une rouge, ma pierre de naissance.

– Ruby ! s'exclame-t-elle, triomphale.

– Et qui est celle-ci ? C'est le nom d'une autre pierre, mais qui commence par B » je dis, lui tendant une autre photo, dans l'attente qu'elle dise Beryl, et se mette à parler de tous les temps forts qu'elles avaient partagés.

« Bum ! » crie-t-elle, en revanche, et se met à hurler de rire. Ce qui mène, inéluctablement à : « Je meurs d'envie de faire pipi. »

Avant même que je ne puisse appuyer sur le bouton d'appel, encore moins attendre les vingt minutes qu'il faut souvent dans cette maison de retraite pour que quelqu'un ne vienne, elle continue : « Je le fais. Ah, ben, tant pis ! Dieu est bon et le Diable ? – pas trop mal, envers les siens. »

Elle regorge de ces vieux et merveilleux dictons et

phrases. Actuellement, ils constituent la plupart de sa conversation. Parfois, j'entends d'autres personnes dans la maison de retraite utiliser certaines de ses phrases préférées, dont une est la principale et fait office de doudou, la phrase qu'elle sort lorsqu'elle ressent le besoin d'attention ou de participer dans une conversation.

« *Dear Mother, it's a bugger, sell the pig and buy me out* » (Chère Mère, c'est un bougre de boulot, vends le cochon et rachète mon engagement) est censé avoir été le télégramme, envoyé à la maison par un oncle qui ne se régalait pas de son premier goût de service militaire. D'habitude, Maman dit : « *Mother, Mother, it's a bugger* » (Mère, Mère, c'est un bougre) et j'aurais du mal à compter le nombre de fois chaque jour qu'elle le dit – c'est devenu sa réponse systématique, lorsqu'on lui demande comment elle va.

Les gens sont souvent déconcertés d'entendre ce qu'ils prennent pour un juron sur les lèvres d'une gentille mamie aux cheveux blancs. Cependant, dans plusieurs régions britanniques, le mot « *bugger* » – normalement fort, à connotations de sodomie – n'est qu'un mot banal sans tabou social particulier, un peu comme en France, et qui n'a rien des connotations habituelles.

Je pourrais le dire si je laisse tomber une tasse par terre et qu'elle se brise, par exemple. Au sud du Pays de Galles, on l'utilise souvent, presque comme terme affectueux. Des gens se penchent en adoration sur des landaus et disent : « Oh, qu'il soit béni; quel mauvais rhume il a, pauvre bougre ». Dans le comté de

Lancashire, d'où vient Maman, ce n'est qu'un mot pour des circonstances adverses – parfois, c'est une bougre de vie.

L'obsession pour les fesses est plus difficile à expliquer. L'autre jour, quand je suis passée à la maison de retraite où elle est censée – sans que ce soit forcément le cas – être soignée, j'ai été très étonnée de la trouver apparemment absorbée par un match de rugby à la télévision. Maman n'avait jamais montré le moindre intérêt pour le sport auparavant et, surtout, pour les jeux d'équipes, et les sports de contact.

« Le rugby, Maman ? Toi ? j'ai demandé.

– Oui, a-t-elle répondu, sans enlever son regard fasciné de la houle de chair du pack néo-zélandais en train de s'entasser en mêlée, regarde-moi tous ces gros popotins. »

Maman est née juste avant la fin de la première guerre mondiale, dans ce coin du Lancashire qui, de nos jours, fait partie du comté métropolitain de Merseyside (autour de Liverpool). Elle était une des six enfants d'un maître maçon. Or, à vrai dire, il y en avait sept, mais la petite Florrie mourut très jeune et on n'en parlait presque jamais.

En effet, Maman ne se souvient même pas, apparemment, d'où Florrie est enterrée ; fait curieux, vu que visiter les tombes de divers membres de la famille, morts depuis longtemps, était toujours une tradition pour les anniversaires. Maman ne parla de Florrie que tard dans sa vie ; auparavant je n'en avais jamais entendu parler, ainsi c'est juste possible qu'elle n'ait jamais existé et qu'elle ne soit qu'un faux souvenir.

Maman dit parfois que sa mère accusait son propre mari d'avoir tué Florrie. Je n'imagine pas qu'elle suggère quelque infanticide sinistre. Je soupçonne, selon les bribes que j'ai pu rassembler de ce que Maman a raconté, que Mamie croyait que la petite Florrie était gravement malade et voulait que Papi aille chercher le docteur. Soit Papi ne pouvait pas, soit ne voulait pas y aller, alors Florrie décéda. Si elle existait vraiment...

Je n'ai jamais connu mon Papi James, car il mourut avant ma naissance d'une sorte de problème intestinal. Je sais que cela rendit Maman paranoïaque et, pendant toute notre enfance, elle devait s'assurer que mon frère et moi utilisions adéquatement les toilettes chaque jour.

Maman était l'enfant du milieu, si on suppose qu'il y en avait vraiment sept. Il y avait Tom, Ethel, Harold, ma mère Nell, Doris et John. La vie brève et la mort subite de la petite Florrie étant toujours entourées de mystère, je ne suis pas certaine de sa place.

Tom était le souriant, toujours de bonne humeur. Ethel, qui ne se maria jamais, était une vraie ménagère, qui cuisinait, nettoyait et cousait, tout en s'occupant de ses frères et sœurs cadets.

Harold était le garçon tranquille et affreusement timide, qui ne quitta jamais la maison, sauf pour son service en temps de guerre, quand il participa en tant que fantassin sur la plage d'Anzio. Il paraît qu'il perdit ses bottes militaires dans la boue, et l'affreux cas de pied des tranchées ainsi provoqué lui laissa des problèmes pour le restant de ses jours.

Maman était un régal pour les yeux, avec ses beaux cheveux blonds, si longs qu'elle pouvait s'asseoir dessus, mais il est surprenant qu'elle ne se maria qu'à l'âge de trente ans. Doris était la blonde étourdie, qui ne passait pas inaperçue non plus, et qui fit un bon mariage avec un jeune officier à fière allure, qui devint juge. John était toujours considéré comme le bébé de la famille, même lorsqu'il décéda avant ses trois sœurs.

C'est certain que Maman avait son quota de soupirants. En fait, avant sa sœur cadette, elle sortit avec l'homme que Tante Doris finit par épouser. Je n'ai aucune idée de pourquoi elle a tant attendu avant de se marier, ni pourquoi elle a finalement fait ce choix.

Récemment, lorsque la vieillesse et la démence ont enlevé les inhibitions, Maman a pris l'habitude de regarder ses photos de mariage et dire : « C'était le jour. Je me demande, est-ce que j'ai bien fait ? » – un sentiment que j'ai partagé, c'est sûr, la plupart de ma vie.

Père, journaliste, gravit la pente jusqu'aux hauteurs vertigineuses de rédacteur en chef du Alderley, Wilmslow and Knutsford Advertiser, un hebdomadaire régional dans le comté de Cheshire, bien avant l'invasion d'Alderley Edge par des types comme les footballeurs avec des fortunes obscènes. Du temps de mon père, il y eut de sacrés remous quand le joueur légendaire de Manchester United, George Best, se fit construire une maison d'architecte d'une laideur incroyable dans les environs, à Bramhall.

Pas du tout ambitieux, Père réussit, d'une façon ou d'une autre, à être nommé Président de la Guild of British Newspaper Editors, ce qui entraîna un tourbillon entêtant d'engagements pour lui et Maman, y compris l'incontournable Royal Garden Party à Buckingham Palace.

Père était toujours connu, au sein de la famille, sous le surnom de PA (Parent Âgé). Dans une famille où les termes affectueux étaient plutôt rares, les surnoms devinrent la norme. Il qualifiait mon frère, assez méchamment, de Tripes-pourries, à cause de son habitude de réagir à n'importe quel stress et, en particulier, en voyage – vu la conduite assez atroce du PA – par des vomissements en jets.

On m'adouba Clara Bow-legs (Jambes-arquées, et d'après Clara Bow, l'actrice américaine), à cause de ma passion pour l'équitation. Mon échappatoire de la maison de fous qui était la nôtre était de me rendre au centre équestre du quartier, d'habitude vers six heures du matin, et d'y rester le plus longtemps possible, souvent jusqu'à tard le soir, les samedis et la plupart des jours pendant les vacances scolaires.

A ce jour, Maman ne réalise pas que j'ai passé beaucoup de ce qui devait être ma scolarité aux écuries, ce qui pourrait expliquer pourquoi, malgré une intelligence présumée supérieure à la moyenne, je n'ai jamais excellé dans les études.

La raison pour laquelle Maman épousa mon père tout d'abord est un mystère suffisant. Ce qui lui prit de rester avec cet homme pendant plus de quarante ans est insondable. Ils étaient, à leur façon, je suppose, heureux. Mais quand il décéda à la maison, après une courte maladie, elle ne fut guère bouleversée du deuil. En fait, ce jour-même, nous sortîmes tous pour le goûter, elle, mon frère et moi.

Maman resta femme au foyer et mère de famille jusqu'à mon entrée à l'école secondaire. Nous allions tous les deux, mon frère et moi, à la même école primaire, hébergée dans une église et sa sacristie : St John's Church of England Primary. Maman nous accompagnait pendant les deux kilomètres environ, jusqu'à ce que nous soyons jugés suffisamment grands pour nous y rendre seuls.

Mon frère était toujours l'enfant collant. Lorsque Maman nous quittait à la grille, il disait toujours : « Viens me chercher, Mam », pendant que moi, l'indépendante, disait avec autant de force : « Ne viens pas me chercher, Mam ».

Quand, âgée de onze ans, j'intégrai la Stockport High School for Girls, école secondaire pour filles, Maman annonça qu'elle avait l'intention de travailler. Elle avait trouvé, par des amis d'amis, un poste de gérante d'un magasin de papier peint et de peinture dans une ville avoisinante.

Maman avait un vrai talent pour la décoration intérieure. C'était d'ailleurs devenu une blague au sein de la famille car sa salutation habituelle, quand nous franchissions la porte en fin de journée, n'était pas tant « Bonsoir, avez-vous passé une bonne journée ? » mais plutôt « Attention à la peinture ! »

Elle était toujours en train de peindre quelque chose, de tapisser un mur quelque part, ou de coudre de nouveaux rideaux pour une pièce ou l'autre. Lors d'une occasion mémorable, elle refit même l'émail de la baignoire.

Meg, ma meilleure amie d'école, me parle encore avec plaisir de son premier séjour chez nous. Pour lui préparer la chambre d'amis, ma mère fit mieux qu'un nettoyage printanier à la va-vite, elle la redécora entièrement, du sol au plafond.

Ainsi, le magasin de papier peint lui convenait à merveille et elle adorait chaque minute passée là-bas à y travailler. Ceci lui donnait une sorte d'indépendance financière aussi. Je ne peux pas être sûre qu'il n'y avait pas, en plus, un peu de badinage.

Je passais d'habitude tous mes samedis au centre équestre local. On me payait des cacahuètes pour nettoyer, panser, seller, accompagner des sorties, donner des cours et toutes sortes de choses, pendant de longues heures. Le bonus était que j'avais des occasions infinies de monter gratuitement. Ceux qui ont déjà été vraiment, profondément, follement amoureux des chevaux, sauront à quel point c'est une addiction, pour laquelle on ferait n'importe quoi.

Parfois, pendant les vacances scolaires, Maman insistait pour que je l'accompagne et l'aide au magasin, travail pour lequel je touchais presque le double. Je le détestais. On peut sortir la fille des écuries, mais on ne peut pas sortir les écuries de la fille.

L'ami d'un ami qui était propriétaire du magasin,

passait toujours pour savoir comment s'était passée la journée, avoir quelques échanges avec ma mère et me payer mon dû sur la petite caisse. Il était toujours impeccable dans ses manières et appelait ma mère correctement par son statut et nom de femme mariée.

Je n'y étais pas chaque semaine ; souvent je refusais tout net d'y aller. Une fois, je m'introduisis dans le placard de réserve sous l'escalier, à la recherche d'un papier peint particulier de salle de bains en vinyle lavable, commandé par un client.

Quand Colin entra au magasin, il ne pouvait pas me voir et, évidemment, il ignorait que j'y étais, car il appela ma mère par son prénom, et d'un ton nettement plus affectueux que j'avais jamais entendu de lui auparavant. Mais je ne sais vraiment pas s'il agissait d'une simple coïncidence.

Le travail de mon père, en tant que rédacteur en chef de journal, voulait qu'il participe à des réceptions officielles, des soirées de dégustation de vins et fromages, des banquets, des avant-premières de films et d'autres régals de ce genre, pour lesquels Maman se parait de ses plus belles robes, confectionnées pour elle sur mesure par sa sœur aînée douée, Ethel.

Mon père et elle faisaient un beau couple, il faut le dire. Parfois, si Maman était atteinte d'une de ses migraines fréquentes, on m'obligeait à mettre une robe, occurrence plutôt rare, pour accompagner mon père à sa place.

Père était aussi critique gastronomique et rédigeait des avis sur des restaurants pour son propre journal, parmi d'autres. Il allait avec Maman dans un restaurant, plutôt sur rendez-vous qu'à l'improviste, choisissait à la carte, dans l'espoir de bien apprécier le repas et, ensuite, le PA écrivait une de ses longues critiques décousues, car son style était incontestablement fleuri.

Tous ces repas gastronomiques gratuits mirent ma mère et moi dans l'embarras quelques années plus tard, pendant un séjour chez moi au Pays de Galles. Elle m'avait promis de m'inviter à midi. Je travaillais comme reporter débutant pour un journal régional et je couvrais les audiences du tribunal d'instance. Un vendredi sur deux, quand les magistrats siégeaient dans la ville, j'allais manger au Cawdor Hotel, Llandeilo, qui proposait un excellent repas de midi. Ce jour-là, je laissai Maman lécher les vitrines dans la petite ville pendant que je couvrais l'audience de la matinée. Nous avions rendez-vous au Buttery Bar de l'hôtel pour le déjeuner et, pour me faire plaisir, c'était elle qui voulait m'inviter.

Nous mangeâmes très bien, tout comme le siège entier de magistrats, le greffier du tribunal, l'agent policier poursuivant supérieur (c'était bien avant le Service des poursuites de la Couronne, le CPS) avec tous les procureurs divers et les avocats de passage, aussi bien de l'accusation que de la défense, qui avaient tous l'habitude d'y déjeuner.

À la fin du repas, Maman prit simplement son manteau et s'apprêtait à partir. Je lui soufflai qu'on n'avait pas encore reçu l'addition qu'elle avait promis de payer. D'une voix audible par l'assemblée entière du corps judiciaire, elle dit : « Payer ? Oh, non, nous ne payons jamais. »

J'aurais voulu que la terre m'engloutisse pendant que je m'empressais de payer l'addition et me faufilais dans son sillage.

Chapitre 2

Un problème de *jams*

La mère de mon père était d'origine luxembourgeoise. Jeune fille, elle vint en Angleterre pour travailler comme gouvernante dans une famille qui voulait que ses enfants apprennent le français et l'italien d'elle. A son arrivée, elle avait seulement quelques mots d'anglais, guère plus que *Victoria*, la gare de chemin de fer qui fut sa destination.

Elle était fille de fermier, et ce qui lui prit de faire un tel voyage à cette époque est perdu dans la nuit des temps. Elle avait une excellente aptitude pour les langues, comme la plupart des natifs d'un si petit pays et, après avoir rapidement maitrisé l'anglais, elle en parlait six, y compris l'espéranto.

Le PA était champion de l'ennui au sujet de ses origines mixtes. Nos invités étaient servis de cette mortelle eau de vie luxembourgeoise distillée de prunes du nom de Quetsch. Si cela ne suffisait pas pour leur rendre les yeux vitreux, être obligé de supporter le PA rabâcher sur son pays maternel pendant des heures le faisait, à coup sûr.

En outre, il fit tout un art d'embarrasser ses enfants. La prérogative d'un père, on pourrait bien dire, mais mon père en était maître.

Je me rappelle comment je grinçai les dents lorsqu'il raconta à un nouveau visiteur infortuné les détails des processions dans les rues d'Echternach, où habitait une de ses tantes, pour marquer la fête de St Willibrord. Les gens du pays tenaient des mouchoirs pour danser dans le cortège. Comme j'aurais voulu que la terre m'engloutisse quand le PA sortit son mouchoir, m'en passa un bout et se mit à sautiller autour du séjour en chantant « Heilige Willibrord ».

Maman avait toujours aimé ses divers voyages à l'étranger. Elle avait passé son voyage de noces au Luxembourg dans la ferme familiale et elle visita plusieurs membres de sa belle-famille dans ce pays.

Dans les années 1980, quand j'ai vécu en Allemagne pendant quatre ans, elle aimait venir me voir. Elle voyageait – soit seule, soit avec sa sœur Ethel – par le service d'autocar pour les familles des militaires de la British Army of the Rhine.

Elle rendait très souvent visite à mon frère, pendant la période où il travaillait et habitait à Bruxelles. Elle aimait aussi descendre chez moi, dans mon cottage du Lincolnshire, ou chez mon frère dans sa maison au sud du Pays de Galles.

Quand, avec l'âge, elle est devenue un peu désorientée, son assistante sociale nous a avisés que ces voyages ne l'aidaient plus, car le changement de sa routine quotidienne la perturbait trop.

Maman habitait une maison mitoyenne de taille

moyenne dans un quartier de Stockport censé être cossu, du côté Cheshire de la conurbation de Greater Manchester. Elle y vivait depuis 1955 et y est restée seule depuis la mort de mon père en 1988. Elle s'est toujours bien débrouillée seule. Nous espérions qu'elle allait continuer ainsi encore un bon moment. Malheureusement, la vie ne se déroule pas toujours comme on aimerait.

Lorsque mon frère et moi avons tout d'abord lancé l'idée apparemment insensée d'amener Maman en France à un âge aussi avancé, nous avons rencontré un chorus de protestations quasiment unanime. De toutes les inquiétudes exprimées, celle qui me semblait la plus illogique était le fait qu'elle ne comprenait pas le français. Récemment, elle ne comprenait pas grand-chose du tout.

Si elle pouvait réciter ses poèmes « doudous » et parler des grosses fesses des gens, cela lui suffisait. Vu qu'elle était entièrement dépendante des autres pour sa mobilité, je n'imaginais aucune circonstance où elle risquait de se trouver seule avec un francophone.

Ce serait à moi de l'emmener chez le médecin, le dentiste, la coiffeuse ou partout où elle aurait besoin d'aller. Je devrais être présente vingt-quatre heures par jour, pour toujours être disponible pour interpréter. Si jamais il m'arrivait de prendre des jours de congé, mon frère serait là pour traduire.

Maman n'était point linguiste. Elle n'avait ni de vraies aptitudes pour les langues, ni grand besoin de les apprendre. Malgré une belle-mère et une famille élargie étrangères, ils étaient tous polyglottes, donc Maman n'avait jamais besoin de maîtriser plus que quelques mots de base lors de ses séjours chez la famille de mon père au Luxembourg, ou lorsque l'un ou l'autre d'eux débarquaient en Angleterre. Elle avait retenu juste quelques mots incontournables comme *moien* (bonjour), merci, *jo* (oui), *gutt nuecht* (bonne nuit) et *äddi* (au revoir).

Lorsque j'apprenais le français au collège, Maman me demanda si je pouvais lui en apprendre un peu. Je crois qu'elle se sentit exclue, étant la seule dans la famille qui n'en parlait pas. J'étais à cette étape du début de l'adolescence intolérablement arrogante, dotée d'aucune qualité d'enseignant. J'apprenais assez facilement les langues, ainsi la tentative échoua vite et ne se répéta jamais.

Je n'avais jamais appris de vraies compétences pédagogiques avant de décider, vers la quarantaine, de faire le saut et de prendre des cours privés pour voir si je ne pouvais pas surmonter la phobie de l'eau que j'avais depuis toujours. La monitrice qui m'avait prise en main au début dans la piscine de Stockport me terrifia tant que je n'avais jamais pu vaincre ma peur.

Par l'intermédiaire de l'amie d'une amie, je découvris une femme qui se spécialisait dans l'enseignement des adultes débutants peureux, comme moi. Dès le premier cours, lorsqu'elle fut la première à m'expliquer de façon claire comment expirer par le nez, pour éviter l'inhalation d'eau si détestée – ce qui se produisait toujours – elle m'apprit énormément sur comment enseigner. Grâce à elle, j'ai pu ensuite donner des cours particuliers aux cavaliers adultes qui avaient perdu leur confiance.

Mais à cette époque, j'entrepris gaiement d'apprendre à Maman des phrases entières d'un seul coup. On devint frustrées, toutes les deux, et on abandonna. Au moment où l'idée est venue d'emmener Maman en France pour débuter une nouvelle vie, il était bien trop tard pour lui apprendre quoi que ce soit de neuf. On ne pouvait que rafraîchir ses mercis et le mot qui était toujours son préféré : fatiguée.

Cependant, son manque de capacités linguistiques n'avait jamais vraiment freiné Maman, qui semblait avoir une astuce pour communiquer en l'absence d'une langue commune.

Dans la famille nombreuse luxembourgeoise, Ernie, un cousin de mon père, et sa femme étaient les plus proches de nous. Lors d'un séjour chez mes parents, je me rappelle qu'Ernie raconta fièrement à ma mère comment il avait appris quelques mots en anglais pendant la guerre. Malheureusement, cela fut grâce à des soldats américains, alors son habitude d'employer souvent « *son of a bitch* » (fils de pute) et des phrases un peu plus « vertes » n'était pas très bien appréciée autour de la table.

Il ne s'agissait pas seulement de différences entre les langues lors de ces visites ; nous devions aussi faire face aux différences culturelles. Ernie naquit dans la même ferme familiale où était née aussi ma grand-mère. Il avait hérité de la ferme, qui était restée dans la famille depuis des générations, et il l'exploitait encore fièrement avec son petit troupeau de vaches laitières frisonnes.

La ferme se trouvait dans un coin rural perdu de Garnich, un petit pays de quelques centaines d'habitants dans le sud-ouest du Luxembourg. La campagne autour de la ferme était particulièrement faiblement peuplée.

Lorsque Ernie vint nous voir dans le Cheshire, et que je l'emmenai avec Louise voir les attractions incontournables, comme Alderley Edge et le *country house* et domaine de Lyme Park, mon père eut du mal à lui expliquer que les choses ne se faisaient pas tout à fait de la même façon, même dans les petits chemins calmes et verdoyants. Ernie ne pouvait pas simplement annoncer, comme il aurait fait chez lui : « *Ich muss pissen* » (« Je dois pisser ») avant de s'orienter vers le mur le plus proche. Ernie croyait, sans doute, que l'Angleterre était un pays bien étrange, où les hommes sont contraints de ne pas satisfaire, même en cas de nécessité, leurs besoins naturels.

Le plus grand choc culturel pour Louise fut la découverte de la moutarde anglaise, nettement plus forte que son équivalent français ou allemand. J'ai un impérissable souvenir de la tête qu'elle fit lorsqu'elle goûta pour la première fois les délices douteux d'un *hot dog*, la saucisse librement enduite de moutarde Coleman's et nichée dans un pain blanc, long et fade.

La plupart des cousins parlaient aussi bien le français et l'allemand que leur langue native, ainsi ils se débrouillaient dans la plupart des circonstances.

Une cousine de mon père, Thérèse, avait une habitude bizarre, qui me prenait parfois de court, de sorte que je ne pigeais pas toujours ce qu'elle voulait dire.

Une fois, quand on alla la voir, elle était un peu troublée et avait du retard dans ses préparations pour nous recevoir. On m'a dit que je tiens de ce côté de la famille, car je suis très bavarde, mais Thérèse en faisait tout un art. Elle pouvait pérorer à toute allure pendant un bon moment sans même, apparemment, reprendre souffle.

La plupart du temps, par respect pour ma mère, elle parlait en anglais mais, chaque fois qu'elle arrivait à un mot qu'elle ne connaissait pas, elle passait simplement au français ou à l'allemand, selon lequel lui venait en premier, mais elle anglicisait sa prononciation en ce qu'elle espérait être un mot anglais.

Je compris assez tôt que *wackenches* était son mot pour vacances, mais son obsession manifeste de faire de la confiture (*jam*) lorsqu'elle ânonnait, et surtout pourquoi cela aurait réduit sa mobilité, me laissa perplexe.

Ce n'était qu'après plusieurs répétitions de la phrase « *trouble with my jams* » que je réalisai qu'elle parlait d'un problème avec ses jambes, dans sa propre prononciation pittoresque du mot français.

Peu importe lequel des cousins était chez nous, et peu importe leur niveau d'anglais, Maman réussissait toujours à les prendre sous son aile, d'une façon ou une autre. C'était merveilleux de la voir déambuler et bavarder avec Louise, en particulier. Elles bavardaient comme des pies l'une avec l'autre, chacune dans sa langue maternelle, mais elles semblaient se comprendre parfaitement.

Malgré un manque de compétences linguistiques, Maman était toujours plutôt audacieuse, qui est tout à son honneur. Lorsqu'elle venait me voir en Allemagne, souvent en compagnie de Tante Ethel, pendant que je travaillais, elle partait à la découverte. Elle aimait particulièrement prendre le tramway au bout de ma rue, pour aller en ville faire les magasins et voir les attractions.

J'écrivais des phrases indispensables pour elle, aussi bien en allemand qu'en version phonétique, pour qu'elle puisse les essayer. Elle trouva une certaine confiance avec « *stadt mitte, bitte* » pour s'acheter des billets pour le centre-ville.

Une fois que son esprit fut parti errer, il n'était plus question de lui apprendre des nouveautés, peu importe la langue, mais de temps en temps elle sortait une de ses phrases à moitié oubliées du passé lointain.

Comme font beaucoup de gens de son âge, ce qu'elle faisait le plus était de dormir. Je pensais que si elle pouvait dire « fatiguée », ce mot suffirait probablement pour répondre à la plupart de ses besoins, si et quand elle déménageait en France.

Chapitre 3
Mon frère a vomi

On dit qu'on peut choisir ses amis, mais on ne peut pas choisir sa famille. J'ai un frère que j'appelle, sans qu'il soit au courant, le Frère Idiot ou le FI. Pourquoi l'appelé-je ainsi ? Ce n'est pas par manque d'intellect, c'est certain, car son intelligence est presque effrayante.

Il se débrouille habilement dans une poignée de langues européennes, y compris le russe ; il jouait autrefois du piano à l'oreille – même si récemment il l'a abandonné – et il chante convenablement de l'opéra ; il est en permanence à mi-chemin dans ses études de maîtrise en droit européen ; il est compétent en ébénisterie, bricolage, électronique et on ne sait quels autres travaux manuels. Pourtant, il semble habiter une autre planète étrange, que j'appelle la Planète FI, qui ne ressemble que vaguement à « la vie comme on la connaît, Jim », comme aurait dit le docteur « Bones » McCoy dans la première série de Star Trek.

J'essaie de garder une générosité d'esprit et de lui

montrer de l'indulgence fraternelle. Après tout, personne ne se met en ligne pour demander : « S'il vous plaît, rendez-moi alcoolique ; par où dois-je signer ? Oh, et d'ailleurs, si vous pouviez y ajouter des troubles bipolaires et de la dépression chronique, ce serait parfait. »

Pour moi, c'est incroyablement difficile à comprendre pourquoi quelqu'un qui pouvait toujours faire mes devoirs de maths dans son sommeil pendant que moi, je ne pouvais même pas comprendre les questions, est incapable de résoudre cette équation tout simple : si six bouteilles de vin et une de vermouth disparaissent en vingt-quatre heures dans une maison dont on est le seul occupant, on doit être, forcément, saoul.

Donc, il n'est probablement pas très malin de se retrouver en haut d'une échelle vacillante et pas attachée, sans harnais de sécurité, pour essayer d'abattre un très gros saule tout tordu. Muni d'une scie circulaire à table de surcroit. Sans protecteur. En pleine tempête, sous une pluie battante. Sans aucun câble de retenue en place pour empêcher le bois de tomber sur le toit de la dépendance juste au-dessous.

Ce n'est qu'un exemple de son comportement, que je cite pour soutenir mon avis. Mon préféré de loin tourne autour du moment où on avait tous les deux reçu une petite somme en legs à la mort de Tante Ethel. D'esprit plutôt prudent, je pris le soin de verser mon argent sur un compte d'épargne en ligne à intérêt élevé, où il est encore à ce jour. Le FI s'acheta un bus à l'impériale rouge Routemaster. Faut le faire !

Dans le climat de nos jours, un psy scolaire lui aurait sans doute collé une étiquette, presque certainement quelque chose du spectre autiste. Car, si l'alcoolisme n'a pas été un facteur pendant sa jeunesse, son comportement, certes – même tout petit – ne pouvait pas être considéré comme « normal ».

Beaucoup d'enfants ont des compagnons imaginaires. Le mien était un cow-boy qui s'appelait Rocky, et l'imagination de ma mère était surmenée par l'effort de trouver des apaisements lorsque je refusais de porter des vêtements « girly », sous prétexte qu'on ne les portait pas dans le Pays de Rocky. Mais le transport en commun avait dû être retardé pour attendre le troupeau de chatons imaginaires de mon frère.

En plus, il y avait les colères terribles. Tout petit, il se cognait la tête de façon répétitive contre les côtés de son lit à barreaux avec une telle fureur que plus tard il s'avéra qu'il s'était ainsi fracturé le nez, probablement à plusieurs reprises. Lorsqu'un jour on l'emmena, malgré ses protestations, pour l'équiper de nouvelles chaussures, à la grande honte de ma mère, il bombarda la pauvre vendeuse avec les petits bonbons « mélange de Dolly » qu'on lui avait achetés dans l'espoir vain de le soudoyer ou de l'apaiser.

Est-ce que c'est l'inné ou l'acquis qui détermine ce qu'on devient? Je crois que cette question n'a pas encore été tranchée. Dans le cas du FI, ses années formatrices n'étaient pas facilitées par un père qui répétait comme une litanie, plusieurs fois par jour : « Ce garçon est un benêt », à qui voulait l'entendre, et cela toujours à portée de voix de mon frère.

Si c'est l'inné, le fait que notre grand-père maternel, que je n'ai jamais connu, était sans doute un grand buveur, voire alcoolique, n'était pas d'une grande aide. Ni qu'au moins deux cousins éloignés luxembourgeois se sont suicidés jeunes, et qu'un autre moins lointain avait fait plusieurs tentatives sous l'emprise de la dépression.

Ce dont je me souviens le plus de ma jeunesse avec mon frère ce sont ses vomissements. Dans notre école primaire, chaque lundi matin était le moment du journal, où on devait écrire ce qu'on avait fait le week-end.

L'activité principale de notre famille était des randonnées dans le parc du Peak District ou les collines des Derbyshire Dales. Le PA mettait un de ces bonnets en laine à pompon qu'il affectionnait tant, Maman emballait quelques œufs durs et des biscuits enrobés de chocolat Club de Jacob (il y avait sans doute d'autres mets, mais ce sont les choses dont j'ai le meilleur souvenir), et nous partions pour une promenade familiale. Presque chaque fois, le FI ponctuait le trajet, aussi bien l'aller que le retour, avec des vomissements en jet.

Ainsi, sur mon journal du lundi on pouvait lire : « Nous sommes allés à Pott Shrigley et mon frère a vomi », « Nous sommes allés à Monsal Dale et mon frère a vomi », « Nous sommes allés à Kinder Scout et mon frère a vomi ». Je suis sûre que mon institutrice (il n'y avait qu'une seule dans une si petite école) a dû croire que j'inventais tout.

Il y eut une occasion inoubliable, où il vomissait encore lors de notre arrivée chez nous et il réussit à vomir sur mon rosier – j'étais passionnée de jardinage dès mon enfance. Je ne crois pas lui avoir jamais entièrement pardonné cet acte de traîtrise.

Dans une certaine mesure, quoique absolument involontairement, je me sens en partie coupable pour les vomissements en jet. À ma naissance, mon frère avait quatre ans et, à lire son album de bébé, il semble avoir bénéficié de l'attention pleine de nos deux parents jusqu'à ce jour-là, et il était la prunelle des yeux de son père.

Ensuite, sa vie fut chambardée par l'arrivée de sa petite sœur. Je sais que la rivalité fraternelle est assez commune dans la plupart des familles, mais le destin ajouta une touche supplémentaire dans notre cas. Avant l'âge d'un an, je fus atteinte d'une coqueluche grave, une infection que sans doute mon frère avait ramenée de l'école.

Mes parents m'ont toujours dit qu'elle était si affreuse que souvent je toussais et sifflais jusqu'à vomir, avant de perdre connaissance. En plus, ils m'ont assuré – mais cela pourrait être du drame agrandi par le passage des années – qu'on leur dit qu'il était fort possible que je ne survive pas.

Rien d'étonnant, alors, que ma maladie leur réclame beaucoup de temps et d'attention. J'imagine que cela aurait bien pu laisser mon frère – enfant très sensible – se sentir exclu, et remarquer que les enfants qui vomissaient attiraient le plus d'attention.

Je ne peux pas être vraiment sûre du moment

auquel mon frère s'est mis à boire davantage. Il est étonnamment difficile de remarquer ce genre de chose – l'alcoolisme existe dans beaucoup de familles et même les proches parents restent parfaitement inconscients de l'ampleur du problème.

Lorsque j'étais jeune journaliste, un déjeuner arrosé de dix vodkas était assez courant. Le PA aimait bien un verre aussi, y compris le tord-boyaux absolument infect qu'il brassait dans le garage, qui aurait bien pu servir pour traiter une clôture de jardin contre tout insecte xylophage.

Je crois que je n'avais pas bien compris l'ampleur du problème de mon frère avant que je ne brûle tous mes ponts, que j'emménage chez lui, et que tous les voyants soient au vert pour notre grande aventure : déménager du Royaume Uni en France et emmener avec nous notre mère âgée et de plus en plus embrouillée.

Mon frère a toujours été – comment dirais-je – un peu, faute d'un meilleur mot, « différent ». Il ne se faisait jamais facilement des amis et avait encore plus de difficultés à les garder. Mes amitiés remontent à des années – je suis toujours amie avec Meg depuis 1963 !

Mon frère avait toujours l'habitude agaçante de se nourrir de mes amies. Il s'accrochait à elles dans l'intention d'en faire les siennes. Cela remonte à notre scolarité, quand il commença à sortir avec des amies que je ramenais chez nous. C'est plutôt normal. Après tout, je sortis pendant un moment avec le frère de Meg, et je suis restée en contact avec lui jusqu'à présent.

Deux des choses qui ont tendance à faire fuir des amis : il aime beaucoup parler de lui, surtout de ses ennuis de santé les plus récents, réels ou imaginaires, et bien qu'il soit impatient de venir chez vous pour raconter ses mauvais jours et la malchance qui le frappe, vous ne partagerez que rarement les bons moments. Quand il se sent en pleine forme, il sort se régaler dans un restaurant et ajoute peut-être une nuit dans un hôtel, sans étendre l'invitation à ceux qui l'ont aidé à surmonter les mauvaises passes.

Malgré tous ses défauts, il a toujours eu un sens de l'humour étonnant, et il a toujours adoré les farces très élaborées et bien conçues. Pendant quelque temps il travaillait pour la Commission européenne à Bruxelles, où il lui arrivait parfois de créer des directives d'apparence officielle, dans un français correct et formel, qui mirent le loup dans la bergerie lors de leur distribution.

L'une précisait que la République d'Irlande avait décidé de suivre les mêmes règles de circulation que les autres États membres, par un changement vers la conduite à droite. À tous les postes frontaliers entre l'Irlande du Nord et la République se trouveraient des zones de croisement spéciales, où les véhicules changeraient de la conduite à gauche du nord à la conduite à droite de la République.

Une autre précisait qu'au sein des bâtiments de la commission l'utilisation des langues officielles était trop discriminatoire ; ainsi, désormais, on parlerait un mélange de langues, selon le jour de la semaine. Il s'agissait de jumelages entre des langues minoritaires, pour que les chances que bon nombre de personnes en connaissent l'une ou l'autre soient bien faibles. Par exemple, lundi c'était le gallois et le portugais ; mardi, le grec avec le danois, et ainsi de suite.

Il appelait des gens, parlant avec un fort accent étranger, et se présentait comme une telle personne extravagante ou une autre et pouvait les niaiser pendant un bon moment. D'autres de mes amis recevaient du courrier à leur adresse au nom d'un inconnu qui, une fois examiné de près, était un jeu de mots très malin.

Cependant, à un moment ou un autre, la boisson a pris le dessus. L'alcool, lui-même dépresseur, est une substance dangereuse pour quelqu'un qui souffre de maladie dépressive. Il est aussi une substance qui crée une forte dépendance.

On fait beaucoup de chichis autour des dangers du cannabis mais, comparé aux ravages causés par l'alcool dans tant de vies, ils doivent faire pâle figure. J'ai des amis qui fument un peu d'herbe et qui ne font jamais plus de bêtises que quelques fous rires, suivis par une fringale. La « skunk » est, bien sûr, autre chose, mais, comparé à un peu de marijuana, la transformation de la personnalité que peut provoquer l'alcool est dévastatrice.

J'avais partagé brièvement un lieu de vie avec mon frère, après avoir quitté tous les deux la maison familiale. Je rentrai au Royaume Uni en 1984, après quatre ans de séjour en Allemagne, et je repris la direction d'un centre d'équitation.

À la même époque, le mariage de mon frère se brisa et il traversait une mauvaise passe. Du coup, il vint s'installer au centre équestre. Il m'aida pour quelques travaux, y compris l'installation d'une cuisine à l'américaine. Je n'ai aucun souvenir alors d'une consommation excessive, mais peu après, il se mit sur la pente glissante d'utiliser la bouteille comme refuge.

Chapitre 4

Mon meilleur pote

Si vous n'aimez pas les chiens, arrêtez de lire dès maintenant, car, dans mon cas, il s'agit d'un meilleur pote à quatre pattes. Vu que les animaux occupent une telle place dans ma vie – et surtout Meic – il est donc juste que j'écrive un peu sur lui. Vous verrez que son chapitre vient avant celui qui me concerne, ce qui doit vous aider à mettre en contexte son importance dans ma vie.

J'ai vécu longtemps seule, depuis à peu près le milieu des années 1980, d'abord en raison de circonstances, ensuite par choix personnel. Mais depuis la fin de ma scolarité, il y avait toujours un chien tout près et le chien actuel, au moment d'écrire et d'embarquer pour l'aventure, était Meic.

Pour vous qui détestez lire des choses que vous ne savez pas prononcer, son nom se dit « Mike » et l'orthographe est une sorte de pseudo-gallois, juste pour l'effet ludique. Mais je l'appelais toujours Mikey.

Meic était un border collie, issu d'une très bonne

lignée de chiens de berger. Sa mère était championne internationale de concours. Avec le type de malchance qui me suit parfois aux talons, j'avais pris le seul chien de la portée qui souffrait de crises convulsives psychomotrices, une forme d'épilepsie.

Il était mon meilleur ami, mon confident, mon fidèle compagnon. Âgé de huit ans, un bon moment avant la décision de nous déraciner tous pour nous installer en France, on lui diagnostiqua une grave maladie du cœur avec un pronostic d'une année ou deux à vivre.

J'avais muri depuis longtemps l'idée de m'installer en France pour commencer une nouvelle vie. Le fait de ne pas être cent pour cent anglaise voulait que je n'aie pas tout à fait le même sentiment d'appartenance aux Îles Britanniques qu'ont d'autres « *Brits* », bien que j'y sois née et élevée. En plus, du point de vue du nombre, j'ai beaucoup plus de parents sur le continent, car ma mamie luxembourgeoise était issue d'une assez grande famille.

Donc, lorsqu'est venu le moment de réfléchir sérieusement au déménagement en France, Meic était une préoccupation majeure pour moi. Il avait déjà survécu quelques années à son sombre pronostic. Mais était-il raisonnable de faire mes cartons, accompagnée par un chien d'âge avancé et atteint d'une grave maladie du cœur, pour l'emmener à deux mille kilomètres dans un autre pays ?

Je suis toujours tombée sur des vétérinaires excellents au Royaume-Uni et, même si l'adorable Archie – chez Rase Vets, dans la ville de Market

Rasen – s'est trompé dans son pronostic, il s'est trompé de la meilleure façon possible. Meic avait encore du peps plusieurs années après le diagnostic initial et s'amusait toujours avec ses jouets qui couinent.

Sans doute, certains d'entre vous – si vous avez lu jusqu'ici – se demanderont : « Pourquoi ne pas le faire piquer, déménager et ensuite prendre un autre chien, une fois en France ? » Le problème, c'est que je suis plutôt tendre avec mes chiens et j'applique toujours la Règle du Jouet qui Couine : tant que le chien est heureux de jouer avec son jouet préféré, il lui reste trop de vie pour y mettre fin, à mon avis.

Du coup, avec tous les problèmes de Meic à prendre en compte – et les médicaments chers pour le cœur et l'arthrose n'étaient pas la moindre des considérations, depuis qu'il avait dépassé le plafond de l'âge pour l'assurance – j'avais toujours dit résolument qu'un déménagement en France serait AM – Après Meic.

La grande qualité de Meic était d'être très sociable – il s'entendait avec tout le monde et tout le monde s'entendait avec lui, même ceux qui n'aimaient pas les chiens, ou qui en avaient peur. Pour un collie, il était grand – on m'a souvent demandé s'il n'était pas croisé, d'un croisement tel Bouvier bernois, en général – mais il était pur collie et pure tendresse, jusqu'au bout des griffes.

Il m'avait aidée à traverser plusieurs mauvaises passes, des changements de boulots, des déménagements, le déracinement d'un lieu pour m'installer dans un autre inconnu. Ainsi, il m'était impensable de ne pas l'emmener avec moi.

Par ailleurs, Maman l'adorait et il était si doux et tendre avec elle. Il lui rendait visite régulièrement dans les différents foyers où elle vivait, et il y était apprécié aussi bien par les résidents que par le personnel.

Dans la maison très agréable de St Helens, la ville natale de Maman, où elle était heureuse et bien soignée, plusieurs des vieilles dames qui y habitaient le réclamaient comme « leur » chien lors de ses visites. L'une disait : « Eeeh, c'est notre Sandy. Bonjour notre Sandy ! », et Meic se montrait de bonne volonté pour cogner sa queue par terre, lécher une main et être Sandy pendant un moment.

Ensuite, c'était : « Eeeh, c'est notre Bobby », d'une autre vieille dame, et il faisait la même démarche pour être Bobby pendant quelques minutes.

En fait, lorsque Maman devint de plus en plus embrouillée et vivait en permanence dans des maisons de retraite ou des foyers de soins, elle faisait toujours plus de fête à Meic qu'à moi. Il était un chien très intelligent ; s'il avait su maîtriser la conduite d'une voiture ou comment utiliser le transport en commun, j'aurais été contente de l'envoyer tout seul pour pouvoir rester chez moi, sans avoir besoin de faire une visite.

J'avais entendu dire que la France était un pays d'amateurs de chiens, autant que la Grande Bretagne, sinon plus. Il semble en fait qu'environ trente pour cent des foyers français possèdent un chien. J'étais ainsi convaincue que Meic tomberait bien, comme d'habitude, et serait heureux dans son nouveau pays.

D'une façon ou d'une autre, si je partais pour la France plus tôt que prévu, Meic viendrait certainement avec moi, malgré ce que j'avais toujours pensé.

Je n'avais aucunement l'intention d'acquérir Meic. Lorsque je quittai mon centre équestre au Pays de Galles au début des années 1990, j'avais un petit collie croisé du nom de Mady. Elle était venue d'un refuge avec le nom Mandy, mais elle n'avait rien d'une Mandy. Je laissai tomber simplement le N et elle devint Mady.

En chienne unique, elle était heureuse. Elle était très facile et obéissante, mais elle avait tendance à se montrer autoritaire envers d'autres chiens. Une fois, elle retourna sur le dos Camilla, le gentil Staffie d'une amie, avec un désavantage de poids important dans l'affrontement. Ce qui montre à quel point elle était déterminée.

J'étais restée en contact avec de vieux amis au Pays de Galles, lorsque je m'installai dans le comté de Dorset, et certains avaient la gentillesse de proposer des placements professionnels pour le lycée où je travaillais. Donc, j'allais les voir chaque fois que je descendais pour vérifier le progrès des étudiants.

Une amie, qui avait été ma monitrice d'équitation quand j'habitais au Pays de Galles, élevait des chiens de bergers, et participait souvent avec eux aux concours. Je savais qu'il lui restait deux chiots de la dernière portée de sa chienne – brillante dans les concours – et un gros chien trapu, que j'avais connu depuis tout petit.

Je n'étais pas ouverte à l'idée d'un autre chien. Il n'y avait pas le moindre danger d'en vouloir un, lorsqu'Anna-Lou me montra les deux chiots qui restaient. Et là, je vis Meic – ou Mott, ainsi qu'il s'appelait à ce moment-là – et quelque chose en moi fondit. Du coup, Mady, à son fort dégoût, se trouva pour le trajet du retour à l'arrière de la voiture en compagnie d'un chiot qui n'avait pas l'habitude de voyager en voiture, qui couinait, pissait et vomissait.

C'est ainsi que Meic fit irruption, au sens propre, dans notre vie. Il n'avait rien d'un de ces chiots d'éleveur, nés dans des conditions qui frôlent l'élevage industriel. Il venait d'une bonne souche, d'une bonne maison et était bien sociabilisé avec d'autres chiens. Mais il était habitué à une niche extérieure et apprendre à devenir propre dans la maison lui prit un peu de temps.

Il n'avait que neuf mois quand il commença ses premières crises. Au début, je croyais simplement qu'il était un chien incroyablement désobéissant, car il semblait m'ignorer totalement par moments. Plus tard, j'appris qu'il souffrait du petit mal, une autre forme d'épilepsie.

Le traitement pour contrôler ses crises avait l'effet secondaire rare, mais pas inconnu, de le rendre hyperactif, plutôt qu'en état de zombie, ce qui serait plus normal. Comme les collies sont déjà assez vifs, c'était vraiment de trop.

Son numéro préféré, quand il était survolté à cause des médicaments, était de monter à l'étage, puis de se lancer dans l'escalier abrupt, dans le but d'accumuler un élan suffisant pour lui permettre de tourner le coin vers le séjour et faire le mur de la mort autour de la pièce sans mettre patte par terre. Il bondissait comme une balle en caoutchouc du canapé à la tablette de fenêtre, puis à la cheminée, avec une agilité et une facilité étonnantes.

Je décidai qu'on pouvait bien vivre sans les effets secondaires, et j'arrêtai le traitement, préférant simplement gérer les crises au fur et à mesure. D'autant plus que le traitement était fortement nocif pour le foie, et il fallait faire des prises de sang fréquentes pour vérifier que tout allait bien.

Meic était mon septième chien et mon quatrième collie. Enfant, je voulais toujours un chien, mais on ne me l'avait jamais permis. Nous avions plusieurs chats dans la famille. D'une chatte en particulier, j'ai un fort souvenir – une tigrée grise, du nom inoffensif de Topsy, d'après un personnage de *La Case de l'Oncle Tom*, car elle avait simplement « poussé » dans notre famille.

Tueuse, Satan ou Hellcat lui auraient mieux convenu. Elle était une créature de très méchant tempérament, qui guettait dans l'escalier pour se précipiter sur les jambes et les pieds de n'importe quel commun des mortels suffisamment sot pour essayer de la dépasser. Elle adorait se lancer, saisir un mollet de ses pattes antérieures, enfoncer ses mignonnes petites canines profondément dans la chair, puis commencer cette action si efficace d'étripage que font les chats avec leurs pattes arrières. Un pur régal !

Dès que j'eus un salaire et les moyens pour me le permettre, je m'offris mon premier chien. Pez était un gros berger allemand, incroyablement beau, noir et jaune, si saisissant que les gens m'arrêtaient souvent dans la rue pour me poser des questions sur lui. C'était tout comme sortir avec une star de cinéma.

Je l'avais pris quand il avait neuf mois tout juste et j'avais convaincu Maman que ce que j'allais introduire dans notre foyer n'était encore qu'un petit chien qui ne poserait aucun problème. Même à cet âge-là, il était un gros chien qui allait grandir ensuite en colosse de quarante kilos. Mais une fois qu'il coinça Maman contre son vaisselier et la couvrit de gros bisous mouillés, elle put difficilement refuser.

Je pouvais aller partout, à n'importe quelle heure du jour ou de la nuit, avec ce chien à mes côtés, et gare à qui voulait me regarder de façon agressive. Pez était doux comme tout avec des amis et la famille, mais entièrement autre envers tout inconnu qui aurait essayé de s'approcher trop de moi sans sa permission.

Meic était totalement différent. Pour un gros chien vif, il était vraiment tendre, bien avec des gens et à l'aise avec des visiteurs. Lorsque Maman était chez nous, il montait sur le canapé à ses côtés – chez moi, les chiens ont la permission d'aller partout où je vais – et laissait tomber sa tête dans son giron pendant qu'elle regardait la télévision.

Je n'aurais pas passé une journée sans chien depuis 1970 et je n'allais surtout pas faire face à la première dans une nouvelle maison, dans un nouveau pays. Contre toute attente, je devins de plus en plus résolue que, au moment où le projet du déménagement prenait forme, Meic devait en faire partie.

Après tout, nous avions en tête – contrairement à ce que la plupart des gens disaient raisonnable ou faisable – de déraciner une personne qui frôlait ses quatre-vingt-dix ans, qui souffrait de diverses maladies cardiaques, pour l'emmener à l'étranger. Alors, quelle était la différence entre elle et un collie, qui avait vers les quatre-vingt-dix ans en années équivalentes humaines, et qui lui aussi souffrait d'une maladie cardiaque ?

Chapitre 5

Tottie, chipeuse culottée de culottes

Vu que je figure bien plus qu'un peu dans ce récit, il est grand temps que je vous parle un peu de moi. Je suis sûre que la plupart d'entre vous se posent déjà la question : mais qui donc est Tottie Limejuice ?

L'idée de Tottie venait de ma tante Ethel. Peut-être vous souvenez vous d'elle, la ménagère célibataire qui s'occupait de ses frères et sœurs cadets. Dans son temps, elle était acheteuse de mode pour un grand magasin à St Helens. Aussi n'était-elle pas toujours une souris casanière.

Tante Ethel avait une merveilleuse tournure de phrase et elle trouvait constamment des mots à sonorité bizarre dont on doutait de l'existence. Le PA, en tant que rédacteur en chef de journal, prenait toujours des airs supérieurs et en ridiculisait certains. Il se trompait sur plusieurs, y compris *tracklements* (des condiments du style gelée salée qui se dégustent avec la viande). Il prétendait toujours qu'elle l'avait inventé, pourtant il figura une fois pendant un jeu télévisé à la BBC.

Avec l'âge, Tata devint de plus en plus confuse et, comme c'est souvent le cas avec la démence, elle commença à se méfier de son entourage. Elle devint particulièrement méfiante envers son beau-frère, qui était le mari de sa sœur cadette Doris – par méprise, plus qu'autre chose. Il était juge et avocat, et il s'occupait de toutes les affaires de la famille, aussi bien financières que personnelles. Je crois que c'était dur pour elle, qui autrefois avait été indépendante, de le voir tenir les ficelles de sa bourse, même si cela était pour son bien.

Tante Ethel était une tata préférée comme il faut. Elle confectionnait elle-même tous ses habits et ses chapeaux, sans être jamais vraiment glamour. Alors, c'était tristement amusant quand, plus âgée, elle commença à accuser sa sœur cadette – qui était vraiment la glamoureuse, et qui avait une collection de chaussures à concurrencer celle d'Imelda Marcos – de lui chiper ses vêtements et, surtout, ses culottes plutôt volumineuses faites maison.

Elle disait : « Elle débarque ici, me pique mes fringues et plastronne partout comme Tottie Limejuice ». Longtemps, je l'avais prise pour une de ses expressions inventées. Je n'ai appris que récemment que, en fait, c'était le nom d'un personnage d'un vieux spectacle de Broadway. Je ne l'avais jamais entendu sur les lèvres d'autrui, je l'adoptai donc comme nom de plume et j'y grandissais en quelque sorte, jusqu'au point que pour beaucoup de mes amis je suis – et je serai toujours – Tottie ou Tots.

Qui est donc la « véritable moi » derrière ce nom de plume ? Si je n'avais pas hérité du nez de mon père et des pieds de ma mère (merci, Maman, pour les oignons), je soupçonnerais que j'étais un Échange. Je ressemble tellement peu aux autres membres de ma famille. Surtout, je n'ai presque rien en commun avec mon frère, hormis les mêmes parents. Lui, il est chat ; moi, je suis chien. Il est ville, je suis campagne. Il est l'extravagance, je suis l'économie. Vous voyez le portrait.

Je crois que les gènes dont j'ai hérité ont sauté une génération, car je ressemble au plus près à ma mamie luxembourgeoise. Elle était fille de fermier et adorait aller chercher ses cousins « rats de ville » à la gare pour les reconduire à la ferme d'une allure un peu trop vive dans la calèche tirée par Fière, son cheval préféré.

Lorsque je m'adonnai à la conduite d'attelage, je pris un malin plaisir à conduire mon chef de l'époque – une femme plutôt désagréable. Je lui fis une peur bleue en conduisant à peine trop vite. À ma décharge, c'était quelqu'un qui avait créé un incident disciplinaire en découvrant un bocal de miel au-delà de sa date limite dans le rayon dont j'étais responsable. Du miel. La substance impérissable. La substance qui, dénichée dans les pyramides et datée d'au moins deux mille vans, était encore comestible en toute sécurité.

J'aurais aimé être vétérinaire, mais je n'étais pas suffisamment douée pour les études. Je suis nulle en maths, aussi j'ai des difficultés avec les sciences. Je suis capable d'avancer laborieusement dans les calculs arithmétiques assez simples, mais tout ce qui ressemble à un problème mathématique abstrait me glace.

En fait, un truc qui fait le tour des réseaux sociaux comme blague me paraît parfaitement sensé :

« Si tu as 4 crayons et que j'ai 7 pommes, combien de galettes faut-il pour faire le toit ?

– Pourpre, car les extraterrestres ne portent pas de chapeaux. »

Je devins enfin journaliste, en dépit de ma détermination de ne pas suivre mon père dans son métier, car écrire semblait être ce que je faisais de mieux dès le plus jeune âge.

Je poursuivais ma passion pour les chevaux, obtenais quelques diplômes et donnais quelques cours et conférences dans le domaine. J'étais propriétaire et directrice d'un centre d'équitation au sommet d'une montagne galloise et j'en gérais ensuite un autre, plus grand et commercial.

J'ai fait pas mal de boulots pour gagner ma croûte – je ne suis pas fière – y compris travailler comme *chugger* (*charity* + *mugger*, c'est-à-dire agresseur caritatif, ou « cagresseur ») pour les fonds Faune et Nature. Vous savez, un de ces gens embêtants qui rôdent devant les grandes surfaces, prêts à se jeter sur vous pour risquer de vous faire tomber votre sac de poireaux partout dans l'entrée.

Ils sont si embêtants que je suppose qu'ils méritent certaines des réponses bizarres qu'ils reçoivent à leur « Seriez-vous intéressé par le Fonds pour la Faune ? »

affable.

Je crois que ma préférée reste : « Non, mais mon mari le fait avec les oiseaux ». Et, non, je ne suis pas sûre d'avoir bien pigé celle-là non plus.

Tout récemment, j'ai gagné ma vie – plus ou moins – en tant que rédactrice publicitaire freelance. Ne vous inquiétez pas si vous n'en avez jamais entendu parler, la plupart des gens ne savent pas ce que c'est non plus. Nous sommes les individus également embêtants derrière les catalogues de vente par correspondance, prospectus, dépliants, courriels, etc., qui vous poussent à acheter des choses, car leurs mots mielleux vous font croire que vous ne pouvez plus vous en passer.

Parfois, je trouve ce métier un peu bête pour un adulte, assise devant mon ordinateur à me gratter la tête pour trouver des jeux de mots qui font grimacer et les gros titres galvaudés, parce que le client est censé être « décalé ». Mais la plupart du temps, je l'adore.

C'est un job insensé aux délais impossibles et c'est une situation qui fait peur quand on vieillit. Il y a tant de jeunes impatients qui nous talonnent pendant qu'on lutte avec la courbe d'apprentissage quotidienne qu'il faut pour rester dans le coup avec des choses qui évoluent constamment, comme les réseaux sociaux et tous les gadgets qui vont avec. Surtout pour quelqu'un de ma génération qui n'a pas pu bénéficier d'un apprentissage informatique dès le plus jeune âge.

Le gros avantage, cependant, est qu'on peut faire ce travail à distance, de n'importe où dans le monde muni d'une connexion internet. J'ai la chance et le privilège de travailler avec une collègue – par ailleurs une bonne amie – qui s'occupe de toutes les poignées de main et le *schmooze* avec les clients. Ce qui me laisse libre de taper sur mon clavier dans les coulisses, sans être obligée de courir dans tous les sens pour attirer la clientèle.

Tant mieux, à vrai dire, car lorsque je suis ici en train d'écrire sur les dernières tendances mode, d'habitude je suis habillée – selon la saison – en plusieurs polaires, pantalon doublé polaire et chaussettes de ski, ou un short et vieux polo délavé. J'écris souvent sur des robes vraiment glamour, bien que je ne possède pas une seule robe moi-même et que je n'en aie pas portée depuis les années 1980 environ.

Quand je ne suis pas au clavier, j'aime être dehors, me balader avec un chien ou deux, faire du camping par tous les temps, y compris la neige, faire mon jardin ou simplement lire en plein air. Je suis capable de lire une carte, je n'ai pas de GPS ou navigation machin-truc, et je prends presqu'autant de plaisir à sortir les cartes en papier pour planifier mon prochain voyage de camping qu'à le faire en réalité.

Pour ceux qui accordent de l'importance à ce genre de choses, je suis Lion avec beaucoup des caractéristiques typiques. En plus, selon les chinois, je suis Dragon – certains dirait justement. Je peux être une bonne et fidèle amie, mais un très mauvais ennemi. Je suis farouchement indépendante et je préfère un tout petit cercle d'amis proches à un plus large d'amitiés superficielles. C'est cet esprit qui m'a permis de me débrouiller, si les choses ne marchent pas dans un lieu, de me ressaisir et de m'installer ailleurs pour essayer à nouveau, sans problème.

Un autre trait typique du signe du lion, dit-on : je suis d'un optimisme béat. On peut croire qu'être optimiste est plutôt positif, pourtant ce n'est pas vraiment le cas. Si on est pessimiste, la vie est pleine de surprises agréables, car souvent les choses ne s'avèrent pas aussi mauvaises que l'on craint. Nous, les optimistes qui voyons la vie en rose, connaissons de nombreuses déceptions, car nos attentes sont souvent trop élevées et irréalistes.

Le tout vaut d'être pris en compte tandis que vous continuez la lecture de ce récit. Ce qui pourrait expliquer certaines décisions que j'ai prises, qui pourraient autrement sembler totalement timbrées. Sottes elles étaient, peut-être, mais cette sottise est née de mon optimisme surdéveloppé.

Comment ? On veut en savoir plus ? Et en détail ? Bon, d'accord – mais je ne vous dirai pas tout.

Chapitre 6
Hellébores fétides d'enfer

Je suis née à Nantwich, le côté cossu du Cheshire. A cette époque, mon père était rédacteur en chef et gérant régional du journal local. Pendant que nous y habitions, selon ma mère, mon frère parlait avec le long « a » au son huppé typique de la région. J'étais encore trop jeune pour avoir un accent. Il sortait au jardin pour faire des « *caaahstles* », des « châââteaux » de sable. Un peu plus tard, on déménagea à Preston, lorsque mon père fut muté au Lancashire Evening Post. En peu de temps, mon frère adopta le son court et plat de cette région, et il jouait à faire des « *casstles* » (chatteaux).

Je crois que j'avais environ deux ans lorsqu'on déménagea encore une fois à Offerton, une banlieue verte de la ville de Stockport, ancien centre de filatures, où mon père rejoignit le Stockport Advertiser.

Là nous sommes restés car, lorsque mon père fut muté au Wilmslow Advertiser, son salaire modeste ne suffisait point pour y acheter une maison. Wilmslow est depuis toujours une ville bien nantie, avec pas mal de vieilles fortunes. Elle fut sans doute profondément secouée quand elle devint un aimant pour les footballers au volant de voitures sportives très chères, mais à qui la distinction sociale raffinée de plusieurs de ses résidents âgés faisait tristement défaut.

Lorsque j'étais à l'école primaire, j'étais une Jeannette enthousiaste dans la ronde First Offerton, où j'atteignais le rang téméraire de sizenière des Fées. Je réussissais tous les tests pour gagner mon *Golden Hand*, le badge à la main dorée qui me permettait de « monter » aux Girl Guides.

À l'époque, réussir n'importe quel genre de test ou d'examen n'était pas un mince exploit. Certains des tests étaient plutôt difficiles. Je me souviens d'avoir été obligée d'aller chez la Commissaire de district pour faire une flambée dans sa cheminée. Tout se passa très bien, grâce à d'excellent petit bois bien sec. Dans le climat actuel de Santé et Sécurité avant tout, je doute fort que des enfants aussi jeunes que des Jeannettes aient la permission d'utiliser des allumettes et allumer des feux.

Je me souviens très bien aussi de l'examinatrice sadique que nous avions pour le sémaphore, qui croyait qu'un message prolixe autour des manchots au jardin zoologique était un test juste des compétences en sémaphore d'une fille de dix ans. J'aurais eu du mal à épeler certains mots avec un stylo sur un papier, d'autant plus avec mes deux petits fanions.

J'appréciais l'école primaire la plupart du temps. Elle était toute petite. Je pense qu'il n'y avait pas plus de cinquante élèves, comptant les départements *Infant* et *Junior* ensemble.

L'école était hébergée dans la plus petite des deux églises de notre paroisse. Il n'y avait qu'une seule institutrice pour chacune des deux sections : les *infants* de cinq à sept ans et les *juniors* jusqu'à onze ans. Les *juniors* avaient des pupitres aux encriers intégrés, en rangs selon l'âge le long de la nef ; les *infants* avaient des petites tables et chaises, tous ensemble dans la sacristie.

La directrice commençait par le premier rang (par âge) des *juniors*, leur enseignait quelque chose, puis elle les laissait se débrouiller pendant qu'elle s'occupait du rang suivant, et ainsi de suite. C'était une excellente façon d'apprendre la concentration et comment bloquer le bruit extérieur pendant qu'on travaille.

Notre enseignante nous « paîtrait » avec une verge de fer – au sens propre. Elle avait une longue règle en acier et une canne de jardin en bambou. Quiconque des garçons s'égarait du droit chemin recevait une bonne volée de l'une ou de l'autre. Les filles étaient giflées sur les mains ou les jambes, selon la gravité du délit.

Tout était rude et primitif avec des cabinets extérieurs dans la cour et une chaudière à coke caractérielle dans la cave – entretenue par un homme à tout faire – qui émettait de telles fumées malodorantes que c'est étonnant que quiconque ait survécu pour en parler.

Dans la classe supérieure, nous assumions des

responsabilités supplémentaires, comme trimballer des seaux d'eau pour la chasse des toilettes extérieures qui gelaient régulièrement par temps froid, et qui parfois tombaient simplement en panne pour des raisons connues que d'elles-mêmes.

Une fois par semaine, les femmes de la Mothers' Union investissaient la sacristie après la sortie des tout petits. Comme ma mère en était membre, je les rejoignais et l'attendais avant de rentrer à pied ensemble. Mon souvenir impérissable est celui d'un appareil de chauffage à gaz en bouteille qui sentait toujours le soufre, et des petites galettes écossaises tartinées de beurre avec le thé, mais il y avait sans doute d'autres petites douceurs.

A cette époque heureuse – avant que la folie de Santé et Sécurité n'impose des évaluations de risques pour tout et n'importe quoi, à commencer par les crayons de couleur – on faisait des sorties dans la nature. Chaque année, vu que c'était une école de l'église anglicane, on faisait une excursion pour l'Ascension, accompagnés du vicaire et de sa sœur vieille fille qui était son aide-ménagère.

Le vicaire s'intéressait beaucoup aux fleurs sauvages et avait de fortes connaissances sur ce sujet. Il adorait utiliser leurs noms comme pseudo-jurons. « *Stinking hellebore* ! » (Hellébore fétide !) s'exclamait-il lorsque les choses tournaient mal, ou « *Bloody cranesbill !* » (Géranium rouge sang !) en euphémisme pour *bloody hell*, le juron de premier recours de beaucoup d'anglais, qui invoque un enfer sanglant et maudit.

Il avait un drôle de rire, presque comme s'il disait « Eee, eee, eee » très lentement et délibérément, avec lequel il ponctuait toujours ses profanités botaniques.

À l'école primaire, je chantais dans la minuscule chorale, et j'adorais chanter. Une fois par semaine, tous les élèves se serraient dans la nef de l'église pour écouter *Singing Together* à la radio, présenté par William Appleby. Nous chantions ensemble toutes sortes de vieilles chansons traditionnelles merveilleuses de braconnage et d'amour, telles que *The Lincolnshire Poacher, Sweet Lass of Richmond Hill* et *The Keeper did a-Hunting Go*.

Un jour je croisai quelqu'un de mon âge de Sunderland qui avait pour théorie que chanter à tue-tête : « *Jackie Boy! Master! Sing ye well? Very well. Hey down, ho down, derry-derry-down* » réduisait le niveau d'agression dans une classe de jeunes enfants qui par ailleurs risquaient de poser quelques problèmes. Il avait peut-être raison. Je sais que tout le monde semblait apprécier ces émissions et on se mettait plus facilement au travail après.

Mon frère allait à la même école et, encore *infant* quand il était *junior*, je me souviens comme j'étais fière les jours de *Singing Together* d'avoir la permission d'aller me serrer sur le siège entre lui et son camarade, car il n'y avait pas assez de chaises pour tous les élèves.

Je n'aimais pas la « grande » école où j'allais après avoir réussi l'examen *11+*, qui triait pour les collèges sélectifs. Elle n'était pas très grande, avec quatre cent élèves seulement, mais elle me semblait énorme et impersonnelle après une telle petite école. Je sentais dès le début que je ne contrôlais pas ma propre destinée.

Je tenais encore à l'idée, certes irréaliste, de devenir vétérinaire. Dans le monde de l'éducation de nos jours, on n'aurait pas permis à notre prof de science allemande Miss Hock de dire d'un ton dédaigneux et moqueur : « Vous ne deviendrez jamais vétérinaire » – point. Elle avait raison, bien sûr, mais il existait des façons plus gentilles de briser les rêves.

Les langues modernes m'attiraient assez, vu ma famille polyglotte. En deuxième année (on l'appelait ainsi à l'époque ; je n'ai aucune idée de ce à quoi ça correspond aujourd'hui) il fallait choisir entre le latin et l'allemand.

J'optai pour l'allemand et j'allai au premier cours de Miss Stansfield. J'avais déjà énormément apprécié l'entendre un jour nous lire à haute voix *Der Erlkönig*, comme petite récompense de fin de trimestre. Bien que je ne comprenne pas un mot, elle l'avait rendu si passionnant.

Je m'installais pour mon tout premier cours d'allemand quand la proviseure adjointe Miss Wilkinson, qui enseignait le latin et le grec ancien, entra dans la salle et me sortit avec elle à marche forcée pour rejoindre ses cours de latin. J'allais – on me dit – étudier le latin, pas l'allemand. Bien sûr, on ne me demanda pas si cela me convenait.

Cependant, avec le recul, je suis contente d'avoir été obligée d'apprendre le latin. J'étais assez bonne et j'obtenais des mentions très bien dans la plupart de mes examens. Ensuite, j'ai trouvé le latin indispensable comme base pour apprendre d'autres langues et d'une grande aide dans l'apprentissage de la grammaire anglaise – très utile dans ma carrière ultérieure d'écrivain.

Comme j'étais capable d'enchaîner deux notes de suite et que j'avais chanté dans la chorale de l'école primaire, on me sélectionna pour la chorale du collège qui répétait pendant la pause de midi, deux fois par semaine. J'entrepris l'étude du *violin*, même si dans notre collège on pensait que le violon s'appelait plus correctement *fiddle*. En plus, notre proviseure appelait toujours le piano un *pianoforte*, mais elle le prononçait « piano-fortt ».

J'avais choisi le violon simplement pour éviter de jouer à la crosse que je détestais, car les cours de violon avaient lieu au même moment que l'entraînement de la crosse. Je n'étais jamais une violoniste sérieuse et je ne faisais pas assez d'exercices. Néanmoins, on m'embrigada dans l'orchestre du collège et ses répétitions deux soirs par semaine, après la fin des cours.

Lors des concerts du collège, je faisais bonne figure. Je prenais ma place au fond des deuxièmes violons. Souvent, je tenais l'archet un centimètre au-dessus des cordes et faisais semblant durant le morceau entier, si je ne l'avais pas suffisamment répété pour jouer sans fautes. On ne m'avait prise qu'à l'occasion où notre prof de violon fut envoyé renforcer les deuxièmes violons qui manquaient en nombre, et il s'assit à côté de moi.

Entre toutes les obligations du collège et mon travail au centre équestre les samedis, quelques soirs et pendant les vacances scolaires, je décidai de ne pas m'inscrire aux Girl Guides, bien que leurs activités en plein air me conviennent à merveille.

Meg, ma meilleure amie d'école, était membre du groupe de guides local et lorsque j'étais chez elle, je l'accompagnais comme une sorte de membre honoraire. Je me souviens de beaucoup de feux de joie et d'avoir fait et mangé des *dampers* – le pain à la broche.

Si vous ne savez pas à quoi correspond ce classique de cuisine trappeur, les *dampers* sont fabriqués à base d'une pâte assez répugnante – un mélange de farine, d'eau, d'une multitude de microbes sans doute mortels et pas mal de saletés – enroulés autour d'une tige coupée d'un arbre hautement toxique, et tenus périlleusement près des flammes, jusqu'à ce qu'ils soient suffisamment calcinés et cancérogènes pour être consommés. Comment ma génération a-t-elle pu survivre tout ce temps ?

Chapitre 7

Potentiel d'officier ?

Si on demandait à quelqu'un qui me connaissait pendant ma scolarité dans les années 1960 de me décrire en un mot, je serais probablement « *bolshie* » (diminutif de bolchevique, qui en anglais signifie défiante et peu coopérative) ou quelque chose de semblable.

J'étais – comme j'ai toujours été – *bolshie* et rebelle. Demandez-moi de vous aider pour quelque chose et, dans la mesure du possible, je le ferai volontiers. Me dire que je dois le faire et c'est probable que je refuse tout net. C'est une attitude qui m'a attiré beaucoup d'ennuis, surtout à l'école, et j'ai eu vraiment du mal à m'en sortir.

À l'époque où les enseignants avaient des moyens de discipliner les élèves, les nôtres avaient le pouvoir de nous coller en retenue pour la moindre petite chose, et ils le faisaient. Ils pouvaient aussi distribuer des notes pour l'ordre et le comportement, qui se cumulaient.   Au-delà d'un certain nombre, on se trouvait obligatoirement en retenue.

Dans notre collège, la retenue consistait à se rendre dans une salle en mezzanine en fin de journée (normalement seize heures dix dans les collèges britanniques), à rester assis pour faire des lignes pendant une demi-heure, ou autre tâche donnée par le prof qui vous avait condamné.

La retenue avait lieu deux fois par semaine et j'y étais presque toujours. Dans les rares cas où je n'y étais pas et où je rentrais tôt, ma mère était toujours surprise de me voir.

Certains des profs les plus gentils et crédules étaient facilement dupes. Comme il y avait un toit plat à l'extérieure de la salle, on se hissait tous par la fenêtre sur le toit et l'on s'accroupissait.

Le prof de service venait et, trouvant la salle vide, attendait quelques instants avant de repartir. On rentrait alors pour s'asseoir sagement quelques minutes. Ensuite, on retournait à la maison et le lendemain on jurait de s'être rendu en retenue comme ordonné, mais que personne n'était venu faire l'appel.

J'ai toujours écrit, toute ma vie. J'avais toujours un journal intime gribouillé ou une histoire en cours. J'écrivais pour un magazine national destiné aux lycéens, dont j'étais plus tard rédactrice en chef, et de temps en temps je rédigeais quelques articles et critiques pour le journal de mon père.

En plus, Meg et moi étions passionnées par les cowboys et les westerns. Sa voisine d'à côté était une vieille dame qui habitait toute seule et elle avait un des premiers téléviseurs couleur que nous avions jamais vu. Elle se faisait un plaisir de nous permettre d'aller chez elle pour regarder notre émission préférée du moment, Le Grand Chaparral, chaque semaine, car elle appréciait la compagnie de n'importe qui.

Nous avions toutes les deux, Meg et moi, un béguin prononcé pour l'Oncle Buck, joué par Cameron Mitchell, et nous lui écrivions des lettres de « fan ». J'avais commencé – juste pour m'amuser – à rédiger le scénario d'un épisode sans, bien sûr, la moindre connaissance technique de la façon de s'y prendre. Je le travaillais pendant tous mes temps libres et pendant celui consacré à d'autres choses, comme le travail d'école.

Mon scenario bourgeonnant fut confisqué à deux reprises, une fois en géo et une fois en science générale. Heureusement, on me le rendit indemne dans les deux cas.

Lors d'un voyage d'échange scolaire en France, Meg et moi étions hébergées dans la même rue, mais nos correspondantes nous interdisaient de parler en anglais l'une avec l'autre. Nous élaborions une sorte de code, afin que je lui puisse raconter ce que j'avais écrit du scénario chaque jour, sans échanger un mot. Je l'avais emmené avec moi pour pouvoir gribouiller un peu dans des moments calmes.

Une fois achevé, Meg me demanda ce que j'avais en tête d'en faire. Je n'avais pas l'intention d'en faire quoi que ce soit. Je l'avais écrit simplement pour nous amuser et parce que j'adorais aussi bien la série que l'écriture.

Montrant de l'esprit d'entreprise, Meg me dit qu'elle le commercialiserait pour moi et réclama une commission d'agent de dix pour cent. Je n'imaginais point qu'elle soit sérieuse, alors, je lui dis que si elle le vendait pour moi, elle aurait vingt-cinq pour cent du prix de vente. Elle m'obligea à mettre l'offre en noir sur blanc directement.

Un samedi, j'aidais au centre équestre comme d'habitude lorsque Meg apparut. Elle venait aux écuries de temps en temps, mais la dernière fois remontait à longtemps. Elle secouait une enveloppe bleue de courrier aérien. Un souffle aurait suffi pour me renverser quand je trouvai à l'intérieur une lettre : pas une réponse à notre courrier de fan à l'Oncle Buck, comme j'attendais, mais du réalisateur-coordonnateur du Grand Chaparral. Ses observations sur ma petite histoire étaient élogieuses et il me proposait d'acheter tous les droits par un contrat pour la somme stupéfiante de deux cent dollars.

Cela égalait alors plus de quatre-vingt livres (huit cent francs). À l'époque, je gagnais deux shillings et six pence (deux francs cinquante centimes) pour une journée de quatorze heures au centre équestre. Dans mon premier poste de journaliste débutante, environ trois ans plus tard et juste après la décimalisation de la monnaie britannique, mon salaire initial était de treize livres et trente pence (cent trente-trois francs) par semaine.

Comparativement, ce scénario du Grand Chaparral reste probablement la somme d'argent la plus importante que j'ai gagnée pour un texte court.

Mon lycée était peu impressionné par ce genre de choses. On devait bien être au courant, car j'étais la fille du rédacteur en chef d'un journal local et l'histoire figurait sur tous les journaux de la région. Mais on traitait néanmoins mon anglais de « moyen » dans un rapport hautement important en première.

Pendant la plus grande partie de ma scolarité, je n'avais aucune carrière spécifique en tête, une fois que j'eus renoncé à l'idée de devenir vétérinaire. J'avais l'impression de lutter contre l'inévitable, consciente que j'allais sans doute finir dans le journalisme sans le vouloir, car cela me paraissait trop évident et je n'étais jamais proche de mon père.

Au lycée nous avions une série de présentations autour des carrières. Des gens de professions diverses venaient nous parler et nous montrer des films. J'en avais vu un sur la vie des cadets de l'armée, qui me paraissait merveilleuse. Voilà toutes ces jeunes femmes qui semblaient ne faire aucun travail, qui s'amusaient beaucoup à voyager partout dans le monde, tout en gagnant un salaire plus que convenable. « Où dois-je signer ? »

On m'invita à me rendre au Collège de formation d'officiers du Women's Royal Army Corps à Camberley dans le Surrey. Je m'y rendis en train et je fus très impressionnée d'être récupérée à la gare par une élégante voiture d'état-major, dont le chauffeur m'appela « madame » et m'ouvrit la portière.

Or, les autres qui venaient ce même week-end, et qui arrivèrent par un train précédent, furent cherchées dans une vieille Land Rover déglinguée et pleine de courants d'air. Mais, comme j'arrivais par un train suivant, on envoya la voiture d'état-major qui allait ensuite chercher divers officiers pour un dîner formel au Collège où de potentiels élèves-officiers descendaient.

C'était ma toute première rencontre avec des militaires, de près ou de loin. Heureusement, ma mère avait insisté pour que je voyage en ensemble à jupe décente, plutôt qu'en jean et sweat comme d'habitude. Ainsi, j'étais suffisamment présentable pour être invitée à entrer chez un major, où je devais attendre l'arrivée des autres invités qu'on allait chercher.

Les officiers de l'armée resplendissants en tenue de mess offrent un tableau étrange. Surtout que certains, selon leurs régiments, portent des éperons pour les occasions officielles. On m'introduisit, m'offrit un sherry et ensuite je restai assise et j'observai les gens.

Le major – l'hôte – était grand, et faisait figure imposante dans son pantalon étroit, ses bottes en cuir verni brillant, ses éperons à molette qui tintaient, sa veste ajustée ridiculement courte de style gèle-fesses, chemise blanche amidonnée et nœud papillon.

Il prit une pose devant la cheminée, consulta d'un geste théâtral sa montre et annonça : « Dans trente secondes, ils seront en retard. »

Pendant que sa femme et le reste de la compagnie brayaient leurs condoléances, je faillis faire le numéro du nez avec mon sherry et je me demandais si je pouvais vraiment supporter une vie chronométrée à la seconde.

Si la première soirée n'avait pas suffi à me

dissuader d'embrasser la vie d'un cadet de l'armée, le reste du week-end l'avait fait. Il y avait tant de règles et traditions bêtes qui me semblaient plus aptes à un pensionnat de filles. Je n'ai mis les pieds dans aucun, mais j'ai lu l'œuvre d'Enid Blyton, ainsi je croyais m'être aventurée dans un chapitre d'un *Malory School*.

Malgré mon dédain évident pour tout ce qui se passait autour de moi, on me sélectionna contre toute attente comme officier potentiel (erreur ou quoi ?) et on me convoqua pour un bilan médical. Je refusai. Poliment. Apparemment, ça serait le journalisme, après tout.

Je fis ma demande d'inscription au Harris Institute à Preston, qui proposait une formation préliminaire d'une année en pratique de journalisme. Elle couvrait des sujets comme le droit essentiel pour les journalistes et les administrations publiques. J'étais convoquée pour un entretien et acceptée – mais sûrement pas grâce au lycée ! Je trouvais les cours de droit passionnants, mais je dormais pendant la plupart des conférences sur les administrations publiques.

Mon père était bien connu dans le milieu de journalisme du nord-ouest, même avant d'entrer en fonction comme Président de la Guild of British Newspaper Editors. Notre nom de famille est plutôt rare (et n'est pas Limejuice !), mais j'étais soucieuse que, si je gagnais une place à l'Institut, cela serait sur la base de mes propres mérites et non grâce à son nom. À cet égard, le lycée m'avait involontairement aidée.

On avait demandé un rapport sur mes aptitudes pour mon dossier de demande, et le lycée devait l'envoyer directement au National Council for the Training of Journalists (le conseil de formation des journalistes), comme élément de travail pour le comité de sélection. Dans une bourde administrative glorieuse, mon rapport me fut envoyé directement par erreur.

C'était à peu près aussi accablant que possible. J'étais d'accord avec leur constatation que je n'étais « pas apte à des études formelles plus poussées » mais, après tout, cette formation était plutôt pratique et serait suivie d'un apprentissage de trois ans et demi au sein d'un journal avant de gagner ma qualification.

Mais j'étais furieuse de lire l'étiquette « moyen » pour l'anglais. Bien que je ne brille pas dans mes cours d'Anglais avancé, j'avais obtenu une mention bien dans l'examen. Je maintiens, pourtant, que ce n'est guère « moyen » de vendre un scénario à l'international quand on a seize ans.

J'avais besoin d'un rapport du lycée pour aller à l'entretien. Je n'étais pas sur le point d'en aller mendier un meilleur. Alors, je mis simplement celui que j'avais reçu – et lu – proprement sous pli et l'envoyai. Étonnamment, on me convoqua pour un entretien.

Je devais passer un examen assez simple – pour moi – sur l'industrie de la presse. Contrairement à certains présents, je savais qu'un « *leader* » est l'éditorial d'un journal, pas le rédacteur en chef qui l'a écrit, et des choses de ce genre. Ainsi, je me sortis sans problème de cette section pour me retrouver face à l'entretien formel.

Tout semblait se dérouler assez convenablement. Jusqu'à ce qu'un membre du comité me dit que ma demande faisait bonne impression, mais qu'il s'inquiétait, car le rapport envoyé par mon lycée n'était pas très favorable.

« Je sais, dis-je, c'est absolument affreux, je l'ai lu. Tout n'est pas forcément vrai. »

Bouche bée, je crois, résume bien la réaction collective du comité. J'expliquai ce qui s'est passé, comment il m'était arrivé de lire le rapport et pourquoi j'avais décidé de prendre le risque de l'envoyer tel quel.

À ce jour, je crois vraiment que c'était mon attitude « *bolshie* » qui m'avait gagné ma place pour la formation et qui m'avait permis d'être qualifiée comme journaliste et de travailler ensuite pour divers journaux locaux pendant presque dix ans après mes études.

Chapitre 8

Qui a fait les rats et les chats ?

Très intéressant, tout ça, mais comment passer d'une vieille dame gâteuse, d'un ivrogne muni d'une tronçonneuse, d'un chien prétentieux et d'un écrivain excentrique « d'un certain âge » en Angleterre, à l'histoire promise de notre recherche d'une nouvelle vie dans la belle France ?

Bon ! Laissez-moi vous expliquer alors le pourquoi : ce qui nous a poussés soudainement à lever les voiles et déménager en masse, à deux mille kilomètres de « chez nous ». Pour ce faire, il faut que je rembobine un peu, jusqu'à 2003.

Je tiens à dire d'emblée que l'objet de ce livre n'est point de dénigrer le RU, et la totalité des services de santé et de soins en particulier, en chantant un mantra orwellien : RU mauvais, France bonne.

Mais c'est un fait, il faut bien le dire, qu'une des raisons principales pour notre décision collective était notre désillusion à l'égard des soins que Maman recevait en vieillissant et en devenant plus embrouillée. Il s'agissait aussi de nos sentiments d'impuissance face à un système qui semblait l'absorber sans faire tout ce qu'il devait pour elle, pendant que nous n'étions pas en mesure de faire mieux.

Je ne prétends pas qu'au RU tout se passe toujours inévitablement ainsi, mais c'est simplement notre expérience personnelle.

Tout comme l'alcoolisme, c'est difficile de savoir exactement quand on soupçonne qu'une personne âgée « ne joue plus avec un jeu de cartes complet ». Nous avons tous tendance à devenir un peu distrait de temps en temps en vieillissant, et les souvenirs du passé lointain deviennent plus vifs que ceux du passé immédiat. Levez la main – soyez honnête – vous qui n'êtes jamais allé dans une pièce en ayant complètement oublié ce que vous alliez y chercher !

Autrefois, j'aimais écouter l'émission radio matinale de Terry Wogan, présentateur affable à la BBC et trésor national, avec ses TOGGS (*Terry's old geezers and gals*) – le bêtisier des vieillards, pour lequel j'avais même signé quelques petites histoires. Ma préférée était le jour de canicule où, en rentrant du travail, je m'arrêtai pour m'acheter une glace. Je retrouvai la voiture, jetai le Magnum sur le siège du passager et mordis dans mon téléphone portable à sa place.

J'avais remarqué que Maman semblait un peu confuse, alors je commençais à lui poser des questions de contexte, comme j'avais vu faire dans les séries télévisées comme Urgences – références incontournables pour tout ce qui touche à la médecine !

Je lui demandai, comme ça : « Qui est le premier ministre ? » (veuillez noter que c'était en 2003).

Maman jouissait d'une de ses journées éveillées. Elle me jeta un regard foudroyant et répondit : « Cherie Blair ». Touché, Maman.

Elle se débrouillait très bien jusqu'au jour où elle tomba dans la rue près de chez elle. Elle revenait de faire ses courses, trébucha sur un pavé inégal et se cassa la figure.

Offerton, tout comme d'autres quartiers de Stockport, n'avait plus son raffinement cossu d'autrefois. Même là, des gangs et des *hoodies* en sweat à capuche trainaient aux coins des rues et les crimes liés aux voitures avaient atteint un record national. Heureusement pour Maman, sa chute avait été vue par quelques jeunes garçons, sans doute parmi le grand nombre encore suffisamment gentils et humains pour aider une vieille dame par terre, plutôt que lui voler son porte-monnaie et ses achats.

Ils l'aidèrent à se relever, l'emmenèrent chez elle, la nettoyèrent, lui préparèrent le thé. Ensuite, ils restèrent avec elle jusqu'à ce qu'elle se remette du choc et qu'elle les assure qu'elle irait bien et pouvait se débrouiller.

Malheureusement, la chute mit fin à son courage pour sortir seule. Si elle ne pouvait plus sortir, elle ne pouvait ni faire ses courses, ni visiter sa bonne amie Ruby, qui habitait tout près. Ruby venait la voir, mais elle n'était plus toute jeune et son mari avait des ennuis de santé, aussi ils ne pouvaient pas faire grande chose.

Depuis longtemps, Maman n'allait plus à l'église où le PA avait été sacristain et lecteur laïque. Le style avait toujours été très haute église, tout « *smells and bells* » avec encens et clochettes. Dans un effort pour redynamiser les congrégations qui s'amenuisaient, un jeune vicaire fut engagé. Plutôt que chanter « *Alban, high in glory shining* » à la louange du saint patron de l'église resplendissant dans toute sa gloire, les quelques fidèles âgés et conformistes qui restaient se trouvaient obligés de demander qui a fait les rats, les chauves-souris et les chats, en chantant : « *Who made rats and bats and cats ?* »

Je menaçais toujours Maman de faire jouer cette abomination d'hymne pour ses obsèques.

C'était trop « *happy clappy* » (religion de bonheur) pour Maman, qui se désista. Une bonne âme de la congrégation, qui connaissait notre famille depuis bien longtemps, continuait de venir la voir et l'aidait pour ses courses mais, malheureusement, cet homme décéda. Alors il ne resta plus personne à proximité pour aider Maman lorsqu'elle en avait besoin.

Les voisins d'à côté, y ayant vécu aussi longtemps que Maman, prirent leur retraite et allèrent s'installer plus au nord, dans le Northumberland. Le couple de jeunes qui avaient pris leur place étaient bien gentils à leur façon, mais ils menaient leur propre vie bien remplie et n'avaient simplement pas le temps de s'occuper d'une voisine âgée dans le besoin.

Il devenait évident que Maman ne se débrouillait

plus toute seule, mais surtout, elle n'arrivait pas à manger, même avec les repas livrés à domicile. Elle ne prenait pas non plus tout l'énorme tas de médicaments qu'on lui avait prescrits. Ainsi, nous faisions venir des assistantes à domicile quatre fois par jour, pour s'assurer qu'elle mange bien, prenne ses cachets, s'occupe de sa propreté et qu'elle soit surveillée de près.

Presque toutes les assistantes étaient des personnes bien gentilles et consciencieuses, qui faisaient le travail au mieux de leurs capacités et de leur formation. Mais il faut dire que le niveau global en termes d'initiative et d'intelligence était effroyablement bas, aussi bien au niveau de la direction que des aides sur le terrain.

Maman habitait toujours la maison d'Offerton qu'elle occupait depuis 1954. Mon frère habitait à Kidwelly au sud du Pays de Galles, à quatre bonnes heures de route, et j'habitais près de Market Rasen dans le Lincolnshire, à presque deux heures et demie de route, donc nous n'étions pas exactement sur place pour pouvoir vérifier nous-mêmes.

J'essayais d'y aller tous les week-ends et mon frère lui rendait visite quand il pouvait, mais il devenait rapidement clair que les soins fournis nous laissaient quelques préoccupations importantes. Mon frère, très fort en cuisine, préparait des repas dressés dans l'assiette avec étiquettes qu'il laissait au frigo. Les assistantes devaient ensuite les réchauffer pour Maman.

Mais parfois il nous arrivait de trouver des repas

qui traînaient plusieurs jours plus tard. Pire encore, il y avait çà et là dans la maison des tas de médicaments intouchés et oubliés. Un des traitements était pour une maladie de cœur, sans lequel Maman souffrait d'épisodes d'étourdissements et d'essoufflement.

Un cahier se trouvait à côté des médicaments dans lequel les assistantes devaient noter tout ce qui se passait lors de leur passage, pour aider la suivante. Mon frère et moi lisions toujours ce cahier pour rester au courant.

Un incident qui reste ancré dans mon esprit était d'une ineptie presque tragique, et aurait pu facilement l'être au sens propre. Une des assistantes les plus gentilles – appelons-la Mary – était presque analphabète. C'était elle qui venait le plus souvent et plutôt pour toutes les quatre visites de la même journée, plusieurs fois par semaine.

Une fin de semaine je lis les notes dans son écriture laborieuse :

> *9 heur nel a pas manjer son ptit dej*
> *12 heur nel a pas manjer son repa*
> *4 heur nel a pas manjer son gouter*
> *7 heur nel ses coucher*

Pauvre Mary. Elle était la seule assistante qui venait à toutes ces heures-là, chaque jour. À qui étaient destinées ces notes ? Il n'y avait qu'elle pour les lire. Et que faisait-elle pour parer au fait que, apparemment, Maman ne mangeait rien du tout ? Rien, malheureusement, semblait-il. Une fois, nous calculâmes que Maman n'avait pas mangé un repas en cinq jours.

On commença donc à faire du remue-ménage, calmement et poliment au début, auprès de la directrice du service d'aide à domicile. Elle promit de venir en personne pour voir la nature du problème et le résoudre.

Vous rappelez-vous l'optimisme béat ? Je croyais vraiment que les choses pouvaient s'améliorer. Erreur ! Nous étions quelque peu effrayés d'entendre que les assistantes n'étaient autorisées ni à aider Maman pour manger, ni à lui donner ses médicaments. Probablement la culture Santé et Sécurité britannique qui s'imposait, encore une fois. Elles ne pouvaient que mettre ses repas ou ses médicaments devant elle, pour qu'elle les prenne.

J'essayais d'expliquer, poliment, que si elle était capable de faire le lien entre voir des cachets (les siens étaient toujours triés d'avance dans un semainier) et l'idée de les prendre, en toute probabilité elle n'aurait pas besoin des assistantes à domicile. Mais en vain.

J'essayais de signaler que c'était vital qu'elle mange, pour éviter qu'une dame menue, âgée et fragile ne perde encore plus de poids – la morphologie de Maman a toujours été du genre, comme on dit dans le nord, « plus de viande sur les lèvres d'une perruche ». En plus, plusieurs de ses cachets devaient être pris après un repas, et pris à jeun ils pouvaient s'avérer dangereux.

Tout semblait rentrer dans l'ordre pendant quelque temps. C'est alors que je reçus un appel de la directrice en personne, qui avait pris le relais de certaines des visites à domicile. Vous devez vous rappeler que j'étais à deux heures, au moins, à cause des petites routes de campagne.

La directrice : « Désolée de vous déranger, mais l'état de votre mère m'inquiète un peu. »

Moi : « Ah non, quel est le problème, d'après vous ? »

La directrice : « Ben, elle est un peu flasque et difficile à réveiller. J'ai essayé de la lever, mais elle ne semble pas réagir. Et elle a tendance à avoir les yeux révulsés. »

Moi (maintenant à travers les dents serrées) : « Et ça depuis combien de temps ? »

La directrice : « Ben, j'y suis depuis une heure, à peu près, et elle n'est pas vraiment revenue à elle. »

Or, je suis du genre à devenir sarcastique – très sarcastique – quand je suis stressée ou lorsque je traite, apparemment, avec des idiots. Avoir une telle conversation téléphonique avec la directrice des assistantes censées s'occuper de la santé et du bien-être de ma mère âgée et vulnérable fit ressortir le pire chez moi. On m'a aussi accusée d'utiliser les mots comme des armes.

Moi : « Eh bien, voici une idée saugrenue. Avez-vous pensé à appeler une ambulance ? Car, d'après votre description, il s'agit peut-être d'un AIT (accident ischémique transitoire) ou même un AVC grave. »

Je ne regarde pas seulement *Casualty* et *Holby City* (deux séries du genre *Urgences* ou *L'Hôpital*). J'ai fait aussi plusieurs formations approfondies en premiers soins et j'étais Secouriste sur plusieurs de mes lieux de travail.

Le temps que l'ambulance cherche Maman et l'emmène à l'hôpital, j'avais dépassé à peu près toutes les limites de vitesse entre Market Rasen et Stockport pour la rattraper. Heureusement, cette fois-ci, il s'agissait d'une association entre le fait de ne pas avoir mangé ou bu suffisamment, d'avoir loupé quelques médicaments et d'avoir développé l'infection urinaire inévitable – le fléau des personnes âgées.

Ainsi, elle put rapidement retourner chez elle. On tomba à bras raccourcis sur la directrice des services à domicile, on la passa à la moulinette et on obtint enfin des promesses d'un avenir plus favorable.

Mais un instant, je vous entends dire, pourquoi ne l'avez-vous pas installée chez l'un ou l'autre de vous deux, ou n'avez-vous pas déménagé pour vous rapprocher d'elle ?

Bonne question. Pas possible.

J'avais proposé d'emmener Maman chez moi, mais mon frère était contre l'idée, car ma maison était plutôt loin de tout. Bien que Maman me dise qu'elle aimerait venir vivre avec moi et me téléphonait souvent pour demander si elle pouvait venir me rendre visite, plus tard il s'est avéré qu'elle disait à son docteur et son assistante sociale qu'elle n'aimait pas rester chez moi, car la maison était trop isolée et elle se sentait seule.

Et cela malgré le fait que je ne sorte travailler que trois jours par semaine et que je paye des amies formées pour les soins pour venir rester quelque temps avec elle et assurer qu'elle mange, lorsque j'étais absente. Dans son état confus – bien qu'elle n'ait pas encore le diagnostic de la démence – Maman était capable de dire une chose à une personne et quelque chose entièrement différente à une autre.

La maison de mon frère était absolument hors de question. Un ancien entrepôt de stockage tristounet à trois-étages, certaines parties du bâtiment étaient millénaires. Si ses sept escaliers et sa disposition déroutante ne suffisait pas pour la rendre défavorable à Maman, le fait qu'elle ressemble en permanence à un chantier le faisait à coup sûr.

Quant à l'idée de me rapprocher – ben, les prix immobiliers dans tout le Cheshire avaient déjà flambé. Il m'aurait été impossible de lever un capital suffisant sur mon humble demeure du Lincolnshire pour m'introduire sur le marché du Cheshire.

Alors, on décida de continuer comme on pouvait pour le moment. Entre nous, nous contrôlions ce qui se passait le plus souvent possible.

Nous avions été effrayés la fois où une assistante avait glissé une note dans la boîte aux lettres pour signaler qu'elle était passée et, comme il n'y avait pas eu de réponse, qu'elle était repartie – sans chercher à comprendre pourquoi.

Maman avait un de ces boutons d'alarme qui se porte autour du cou, mais elle avait dépassé le stade de se rappeler de le mettre ou de savoir quoi en faire en cas d'urgence.

C'est alors que l'inévitable se passa. Encore un

appel de la part de la directrice d'aide à domicile pour dire qu'en arrivant elle avait trouvé Maman par terre suite à une chute, qu'elle semblait avoir passé la nuit sur le sol, et qu'elle se plaignait d'un mal de dos. Elle l'avait montée dans sa chambre et l'avait couchée dans son lit, mais Maman se plaignait toujours de douleurs de dos.

J'avais fait tous les efforts dont j'étais capable pour ne pas sortir de mes gonds en entendant qu'une directrice de soins avait déplacé une femme âgée atteinte d'ostéoporose qui se plaignait du dos à la suite d'une chute. Je lui ordonnai d'appeler une ambulance pendant que je fracassais encore quelques limites de vitesse pour traverser les Pennines, rattraper Maman à l'hôpital et découvrir ce qui se passait.

Heureusement, elle n'avait aucune fracture, mais il devenait clair que Maman était de plus en plus confuse. En plus, il y avait une autre chose à prendre en compte. J'allais sous peu faire une randonnée à cheval sponsorisée dans les Rocheuses canadiennes, au profit de l'association Guide Dogs for the Blind (qui fournit des chiens guides pour aveugles), en même temps que mon frère serait à l'étranger. En conséquence, aucun de nous ne serait là pour surveiller de près les soins de Maman. Était-ce le moment d'envisager l'impensable en la plaçant dans une maison de retraite ?

Chapitre 9
La confidentialité du patient

La décision se prit pour nous, plus ou moins. Fragile comme elle était, et sans aide à domicile fiable, il était impossible de laisser Maman seule chez elle en toute sécurité pendant que ni mon frère ni moi n'étions disponibles pour nous y précipiter en cas d'urgence. Il fallait la placer dans une maison de retraite, au moins comme solution provisoire, jusqu'à notre retour au pays.

L'assistante sociale de Maman, qui était merveilleuse et très serviable, arrangea une réunion préliminaire à sa sortie d'hôpital pour discuter des démarches qui lui seraient les plus adaptées. Je devais y aller, car mon frère n'était pas disponible. En arrivant à l'heure convenue, j'étais très déconcertée de découvrir qu'aucun membre du personnel médical de l'hôpital n'était disponible pour discuter de la santé ou des besoins de Maman.

Pire encore, Maman était alitée, les joues rouge vif, les yeux hagards et, pour la première fois, elle n'arriva pas à me reconnaître. Lorsque son assistante sociale lui demanda si elle savait qui j'étais, elle répondit : « Je ne sais pas. Je n'ai jamais vu cette dame auparavant. »

J'appelai l'attention de l'infirmière soignante de service sur ce fait, qui m'assura que Maman allait bien. Je lui signalai qu'elle ne semblait savoir ni qui j'étais, ni où elle était. À nouveau, l'infirmière m'assura que tout était bien.

« Savez-vous qui je suis ? demanda-t-elle à Maman.

— Vous êtes infirmière, répondit Maman.

— Vous voyez, elle va bien, me dit l'infirmière un peu dédaigneusement.

— Vous ne croyez pas que l'uniforme pourrait être un petit indice ? demandai-je.

— Mais elle sait où elle est, vint la réponse, savez-vous où vous êtes, Nell ? »

À laquelle Maman répliqua instantanément et gaiment : « À l'hôpital »

Encore une réponse triomphante de l'infirmière : « Voilà – elle sait bien où elle est ! »

Les dents serrées au point d'être tétanisées, je demandai : « Lui avez-vous demandé dans quel hôpital elle est ? »

À cette question, Maman répondit « St Helens », aussi triomphante que si elle venait de gagner le maximum de points lors du quiz télévisé *Mastermind*.

Or, St Helens était la ville natale de Maman et c'est certain qu'elle n'était pas entrée dans son hôpital depuis cinquante ans, voire plus.

La situation empirait. Un docteur fut appelé, qui

était d'accord avec l'infirmière et qui dit que Maman allait bien, qu'elle avait tous ses esprits, que tout était bien. Il était d'origine asiatique, avec un fort accent. Ce n'est point une remarque raciste, c'est juste une observation sur le fait que son accent était difficile à suivre et moi, je ne suis ni sourde, ni confuse à cause d'une fièvre élevée.

Il lui demanda : « *What is name of queen ?* » (sic, du style : quel est nom de reine ?)

J'étais tentée de marmonner : « Freddie Mercury, Brian May ... » mais Maman, toujours aussi triomphante qu'une enfant qui maîtrise sa table de multiplication de deux, dit : « Queen Elizabeth. »

Ça vaut la peine de prendre en compte le fait que la monarque actuelle devint reine en 1952, une époque où Maman avait encore toute sa tête. Je m'attendais, quand même, à ce qu'un docteur chargé de ce qu'on appelle de nos jours un établissement gériatrique pourrait prendre mesure de la pertinence du fait qu'elle savait le nom de la reine, mais pas celui de sa propre fille.

Enfin, quelques jours plus tard, lorsque mon frère et moi allâmes à l'hôpital pour soumettre nos préoccupations, on nous donna une longue liste des ennuis de santé de Maman, y compris la démence vasculaire. Pas la maladie d'Alzheimer, mais une forte défaillance des fonctions cérébrales, quand même.

C'est incroyable qu'autant de gens, même des professionnels des services de santé, croient automatiquement que la démence est synonyme de la maladie d'Alzheimer. Mais la démence vasculaire engendre des problèmes propres à elle. La mémoire à court terme fait simplement ses valises, part par le train de nuit et ne revient jamais rendre visite.

Les événements récents dans la vie de Maman avaient été effacés des banques de mémoire et ne pouvaient pas être restaurés. Par contre, ses souvenirs du passé lointain restaient aussi vifs qu'au premier jour ; ainsi, elle les sortait de plus en plus souvent, un peu comme un doudou de sécurité.

Comme Maman disait souvent elle-même : « *Mother, Mother, it's a bugger. Sell the pig and buy me OUT !* » (Mère, mère, c'est un bougre. Vends le cochon et rachète mon engagement !), avec son idée de « sors-moi de là ! », qui devenait de plus en plus véhémente à chaque reprise.

En plus, on nous dit qu'elle souffrait d'un myélome, un cancer des plasmocytes, mais on nous rassura que, vu son âge et la progression normalement lente de cette maladie, elle mourrait plutôt avec que du cancer. Si on peut dire qu'une telle nouvelle soit rassurante.

Aidés par son assistante sociale adorable, on se mit à rechercher une place au moins provisoire dans une maison de retraite, pour couvrir l'absence à l'étranger de mon frère et moi.

On la plaça dans la résidence trouvée par l'assistante sociale. Elle était correcte, mais pas plus, et se situait dans un quartier difficile de Stockport. Lorsque je faisais ma première visite, j'étais un peu effrayée de voir deux jeunes garçons, à peine ados, qui m'arrêtèrent pour me demander où ils pouvaient s'acheter de la drogue – ils n'avaient pas l'air de plaisanter.

Lorsque l'un d'entre nous, mon frère ou moi, lui rendait visite, on sortait toujours Maman dans la voiture pour un des pique-niques qu'elle appréciait tant, ou pour lui permettre d'autres petits plaisirs, comme aller dans les magasins caritatifs d'occasion.

Elle y était assez contente, mais – et c'est à ce point que vous pouvez me tomber dessus en m'accusant d'être snob – ce n'était pas vraiment de son niveau social. C'était un peu « bière et boules » et Maman avait toujours été plutôt « bonne bouteille et croquet ».

Ainsi, on décida de la transférer à St Helens, sa ville natale, dans une résidence très agréable où habitait sa sœur ainée Ethel (l'acheteuse de mode devenue ménagère, confectionnait ses propres culottes). Cette résidence était bien autre chose, et ressemblait plutôt à un petit hôtel cossu. Elle était bien décorée et meublée avec goût, avec des petits salons où les résidents pouvaient accueillir leurs familles ou des amis lors des visites.

Ici, aussitôt dès l'arrivée d'un parent ou d'un visiteur, un membre du personnel apportait un plateau de thé avec des petits gâteaux, et des tasses et des soucoupes en vraie porcelaine – pas des mugs lourdauds, comme dans la résidence précédente. Tous les résidents avaient l'apparence soignée et étaient bien habillés – pas les dessous trempés et l'odeur d'urine omniprésente de l'autre. Maman s'installa très bien avec sa sœur avec qui elle pouvait parler librement et dans des chambres attenantes, comme pendant leur jeunesse. On pouvait se permettre des soupirs de soulagement.

C'est alors que tante Ethel mourut. Elle fit une attaque cérébrale grave, lutta encore quinze jours à l'hôpital – car elle se battait toujours – avant de rendre l'âme. Elle avait quatre-vingt-treize ans.

La démence apporte ses propres bénédictions. Après avoir demandé au premier jour où était Ethel, Maman semblait oublier complètement qu'elles y avaient été ensemble et se voyaient chaque jour. Je lui expliquai ce qui s'était passé et elle pleura quelques larmes, mais ensuite elle oublia. Lorsqu'elle me redemandait, plutôt que de la faire pleurer à chaque fois, je disais simplement que tante Ethel était allée à Eccleston, ce qui était assez juste.

J'emmenai Maman aux obsèques à l'église de Christ Church, Eccleston, où la famille avait fait partie de la congrégation pendant plusieurs années, et où tante Ethel serait enterrée à côté de sa mère, de son père et de son frère célibataire Harold. C'était aussi l'église où Maman se maria.

On y arriva de bonne heure, car Maman avait maintenant besoin d'un fauteuil roulant pour se déplacer et j'avais des doutes sur l'aménagement pour des personnes à mobilité réduite. L'église se présentait toute belle avec des fleurs blanches partout. Tata l'aurait appréciée. Pendant l'attente avant le service, Maman regarda autour d'elle, puis me demanda : « Ethel, viendra-t-elle ? »

Comment lui répondre ?

* * *

Même si elle avait perdu sa sœur, Maman continua à bien vivre dans la résidence pendant un certain temps, mais elle commença alors à avoir des épisodes de déshydratation et d'autres conditions associées. Deux chutes nécessitèrent des séjours à l'hôpital. À ce moment-là on découvrit que les services de santé au RU n'étaient pas à la hauteur.

Suite à une chute, on me téléphona de la maison de retraite pour dire que Maman avait été hospitalisée à cause de douleurs à la hanche droite. J'appelai l'hôpital et tombai sur quelqu'un de peu coopératif qui me dit qu'on ne pouvait pas discuter le cas de Maman au téléphone, mais qu'une intervention chirurgicale serait peut-être nécessaire.

Je lui signalai que, à cause de la démence de Maman, mon frère et moi étions déjà ses mandataires, et s'il imaginait la passer sous le bistouri sans notre consentement, il y aurait des répercussions.

Ainsi, à la place des visites hebdomadaires à la maison de retraite, j'allais à l'hôpital. Je devenais vraiment exaspérée de voir des médicaments qui trainaient ou des repas intouchés hors de portée, mais le plus mémorable de tout était le jour où elle fut hospitalisée avec le soupçon d'une fracture du col du fémur droit.

Lorsque j'arrivai, je trouvai qu'on avait installé Maman assise dans le fauteuil à côté de son lit, et c'était évident qu'elle souffrait beaucoup. Il s'avérait que la décision de l'asseoir ainsi était basée sur une radiographie nickel de la hanche gauche – pas celle sur laquelle elle était tombée et pas celle qui lui faisait mal.

Il fallait en plus subir une des choses les plus agaçantes concernant les hôpitaux britanniques de nos jours : des frais de parking exorbitants pour les visiteurs, sans autre possibilité de stationnement dans un rayon raisonnable pour s'y rendre à pied.

Lorsque les hospitalisations, les chutes et d'autres problèmes se multiplièrent, la gérance de la belle résidence – qui n'était pas un foyer de soins – commença à faire sentir qu'ils ne pouvaient pas répondre à tous les besoins de Maman aux normes exigeantes qu'ils s'imposaient.

Cette nouvelle était assez dévastatrice, car nous étions vraiment satisfaits des soins que Maman y recevait. Sans exception, les membres du personnel étaient polis, gentils, attentifs et humains, et Maman semblait y être bien installée et heureuse.

On comprenait, pourtant, la distinction entre les soins personnels et le niveau de soins infirmiers dont Maman aurait dorénavant besoin.

Il était temps de prendre des mesures radicales.

Chapitre 10

La Belle France

Je ne suis pas sûre du moment où le profond désir d'un avenir en France a commencé à me frôler l'esprit, mais il remontait à quelques années avant nos problèmes avec Maman.

Alors que le nouveau millénaire pointait à l'horizon, je discutais avec une amie proche de la possibilité d'acquérir un bien ensemble. Je commençai à acheter des magazines immobiliers sur la France et les feuilletai pour voir ce qu'il y avait sur le marché.

Mon niveau de français n'était pas trop mauvais, alors je pouvais me débrouiller dans la plupart des circonstances, mais ma grammaire était – et reste – plutôt atroce. Au collège, nous avions une prof de français très gentille, beaucoup trop molle pour se trouver chargée d'une bande de collégiennes, surtout avec un nom infortuné comme Mrs Twitchet – qui en anglais veut dire plus ou moins Mme Tressaute. On était méchantes envers elle comme ne peut l'être qu'une harde d'adolescentes et face à nous, c'est certain, elle tressautait beaucoup.

Lorsqu'elle débutait un cours en proposant qu'on fasse des exercices de grammaire, on la priait et lui quémandait d'apprendre plutôt des chansons en français. Ce qui explique pourquoi, même aujourd'hui, je connais toutes les paroles des chansons traditionnelles comme « Chevaliers de la table ronde » et « Il pleut, il pleut, bergère » mais je ne peux que tenter vaguement le subjonctif d'autres verbes que « aller ».

Adolescente, j'avais fait deux voyages d'échanges scolaires en Ardèche et j'avais adoré cette région. La première fois, à seize ans, ma meilleure amie Meg et moi étions hébergées chez deux familles dans la même rue. Qu'avait la proviseure en tête pour nous jumeler ainsi avec nos correspondantes et leurs logements respectifs ?

Je logeais dans un appartement chic au-dessus de la droguerie (dont le mélange de quincaillerie, d'eau de Cologne et d'articles de toilette me semblait bizarre), où ma correspondante et moi étions bichonnées par une bonne pendant que les parents travaillaient au magasin en bas. La bonne faisait toute ma lessive et le repassage, gardait la chambre impeccable – que j'avais à moi toute seule – et nous proposait des repas délicieux.

La pauvre Meg logeait chez la famille du primeur d'en face, où elle partageait avec sa correspondante une chambre que les membres mâles de la famille devaient traverser pour accéder à une autre partie de la maison.

Les installations sanitaires étaient du genre vétuste

typique des campings français et les toilettes d'un modèle inconnu en Angleterre : cette sorte de trou piégé au ras du sol, appelé, je crois, « toilettes turques » – sans vouloir offenser les turcs, si, par hasard, je me trompe ! Pour se laver, les facilités plutôt rudimentaires se trouvaient dans la cave.

Malgré le logement simple, les hôtes de Meg étaient une famille bien sympathique avec un vrai sens de l'accueil. Ils se pliaient en quatre pour la faire se sentir la bienvenue. Un jour à l'appartement, on me servit un plat que Meg – on m'assura – avait trouvé délicieux, son plat préféré. Pour moi, il ne ressemblait à rien plus qu'un objet douteux, fait de ce qui aurait pu être un vieux marcel en résille, bleuté de moisissures.

Que la politesse britannique soit maudite ! Cette politesse qui poussa Meg à dire qu'elle l'adorait, quand en vérité elle le détestait, et qui me poussa à faire de même, avec le résultat qu'on nous le servait presque chaque jour, juste pour nous faire plaisir.

Lors du deuxième voyage d'échange scolaire en France, j'étais hébergée chez un universitaire très libéral qui ne captait même pas que sa fille se livrait dans tous ses moments libres aux ébats avec le fils du marchand de vin local. Ni l'une ni l'autre famille n'étant au courant de la liaison, elles ne savaient pas qu'elles devaient coordonner leurs absences avec bien plus de soins.

Un merveilleux week-end inoubliable, les deux couples de parents avaient su s'absenter au même temps et faisaient le pont. La fête débuta dans un bar en ville où on s'acheta des quantités copieuses de piquette, puis on passa à pied dans les rues de la ville, buvant en route, jusqu'à l'appartement de Bruno, le petit ami.

On appelait le groupe d'amis avec qui ma correspondante flânait « la bande », ou parfois « les hippies », car ils favorisaient des cheveux longs, la pilosité faciale (plutôt les garçons, mais pas exclusivement) et des manteaux afghans poilus.

Quelqu'un prétendait savoir dans quel appart vivait Bruno – évidemment ma correspondante n'y était jamais allée, vu la nature tabou de la liaison. À la fin des années soixante, il existait encore des règles de comportement, même pour une fille d'universitaire libéral.

Alors, « la bande » se précipita dans l'escalier du vieil immeuble divisé en appartements spacieux, heurta sommairement à la porte et envahit le lieu, sans attendre une invitation, car la porte n'était pas fermée à clé – assez normal pour la région à cette époque.

À ce moment-là, il ne restait que très peu de vin, alors on était tous pour le moins un peu éméchés.

Il devenait vite clair que les deux vieilles dames perplexes qui nous regardaient avec beaucoup de méfiance n'avaient rien à faire avec Bruno, et que nous avions monté trop de marches, jusqu'à l'appartement du dessus.

Je ne suis pas sûre combien de temps on est resté chez Bruno. Je ne me souviens pas de grand-chose de cette partie du week-end. Pas grand-chose, en fait, après que quelqu'un ne trouve la clé de la cave du père de Bruno, et qu'on y déniche le coûteux et mature whisky d'export.

Mais à un moment ou un autre, on avait dû décamper pour la maison de Martine et j'avais dû y aller à l'arrière d'une moto, car j'ai un souvenir flou de m'être penchée un peu en arrière pendant que quelqu'un nous conduisait à une vitesse terrifiante. Je me rappelle aussi avoir essayé de déchiffrer le mot Yahama ou Yahamma ou Yamhamma ou que sais-je, sur le dos de la veste en cuir devant moi. Le mot semblait changer chaque fois que j'essayais de le lire les yeux troublés.

Avec l'absence de ses parents, la fête continuait à battre son plein chez Martine. À un moment donné, j'avais eu – même moi – ma claque de toutes ces beuveries, donc, je sortis pour me promener. Je m'introduisis dans une église du quartier pour tituber en admiration mi-enivrée le long du chemin de croix.

J'ai un autre souvenir partiel de m'être éclipsée dans ma chambre, après une douche et un shampooing rafraîchissants, pour un petit somme. Je me réveillai pour trouver un mâle non-identifié endormi dans le lit de ma correspondante dans la même chambre. Personne n'a jamais su dire précisément qui il pouvait être. Juste un autre intrus, sans doute.

Martine, pendant tout ce temps, était bien occupée dans le lit de ses parents avec Bruno. En fait, la fête durait si longtemps qu'on se réveilla tous très peu avant le retour des parents et on se hâtait frénétiquement de nettoyer, de mettre de l'ordre et de chasser les derniers qui traînaient lorsqu'ils débarquèrent.

Nous avions plusieurs jours de leur absence à expliquer. On me confia la tâche de leur raconter comment on avait passé le temps. Je ne crois pas que mon récit tiré par les cheveux, d'avoir suivi le chemin de croix à l'église paroissiale et de nous être fait un shampooing, fit vraiment l'affaire.

J'avais toujours rêvé de retourner en France et, de préférence, en France rurale. Une chose formidable qu'on faisait avec « la bande » était de s'entasser tous dans une collection de vieilles 2CV identiques en fin des cours et monter dans les collines. On allait dans une vieille ferme en ruines qui était devenue leur repaire, munis de bouteilles de piquette et de sacs de pains au chocolat.

Les dedeuches identiques m'avaient presque coûté mon vol de retour au RU car, lors d'une autre bringue – cette fois-ci le long du Rhône – j'avais rangé mon sac à bandoulière, par mesure de sécurité, dans la voiture que je croyais être celle qui m'avait amenée et dans laquelle j'allais repartir.

Mais elle s'avéra appartenir à quelqu'un en marge de « la bande » qui devait partir le lendemain matin pour débuter son service militaire. Ce n'était qu'en écumant tous les bars et les cafés de la ville qu'on le retrouva au dernier moment, avant qu'il ne parte avec mon sac – contenant mon passeport et mes billets de train et d'avion – toujours à l'arrière de sa voiture.

J'avais un vague rêve de retourner où je me suis tant amusée pendant mon adolescence. En regardant de près les prix immobiliers de la région sur les magazines et sur le merveilleux phénomène nouveau –

pour moi – de l'internet, je savais que cette région serait malheureusement au-dessus de mon budget.

Il y avait une chanson qui bourdonnait quelque part dans mon esprit depuis des années, d'une publicité télévisée pour Dubonnet des années 1970 au RU, avec le slogan « *Dubonnet – way up there* » (Dubonnet – loin là-haut). C'était la chanson de berger d'une beauté envoûtante *Baïlèro*, des *Chants d'Auvergne* de Canteloube.

Pour moi, une région capable de créer une musique aussi exceptionnelle mérite d'être visitée. Donc, en 2004, je demandai à ma meilleure amie Jill, avec qui je partage d'habitude mes aventures de vacances, si elle aimerait échanger nos randonnées à cheval habituelles contre un tour de voiture en Auvergne.

Il s'avéra qu'elle y était déjà allée. Jill est une voyageuse intrépide et elle est allée plus ou moins partout, d'habitude à dos de cheval. La Grande Muraille ? Oh, oui – je l'ai longée à cheval. Les steppes russes ? Bien sûr, je les ai traversées. Le volcan auvergnat, le Puy-de-Dôme ? Ben, oui – j'y suis montée à cheval. Mais tout dit du meilleur goût possible.

Néanmoins, elle était heureuse de m'accompagner et de faire des sauts entre des chambres d'hôtes dans trois départements de l'Auvergne : le Puy-de-Dôme, le Cantal et la Haute-Loire. Jill n'est pas seulement ma meilleure amie, avec qui j'ai partagé quelques aventures assez palpitantes, elle est ma compagne incontournable pour tout voyage à l'étranger, car voler me faire une peur bleue.

Nous l'avons dans le sang. Mon frère aussi bien que moi. Notre père, pendant la guerre, voulait rester près de chez lui, ainsi il s'enrôla dans la RAF (la force aérienne) qui avait une base vers Prescot, où il habitait avec ses parents. Son frère cadet, bien plus aventureux, voulait voir le monde et il s'enrôla donc dans la marine, la Royal Navy.

Avec une ironie typique, l'Oncle fut affecté à Liverpool, à un saut de puce de chez lui, tandis que Père fut envoyé en Afrique. Pendant le long vol pour s'y rendre, il découvrit à quel point, en fait, il détestait voler.

Père passa ses années de guerre en ce qui était à l'époque la Rhodésie, comme sténographe des cours martiales car, étant journaliste, ses vitesses en sténographie et dactylographie étaient bonnes. Il y resta jusqu'à ce qu'il soit mis en invalidité, suite à une piqûre de scorpion au pied. Je sais. On ne pourrait pas l'inventer.

Le père de Jill était pilote de bombardier pendant la guerre et ensuite pilote de ligne. Donc, Jill a fait des vols partout dans le monde et elle est toujours très calme. En plus, elle connaît toutes les astuces pour ne pas se faire refuser d'embarquer, comment obtenir un surclassement et d'autres trucs utiles. Elle trouve toujours quelque chose de convaincant à dire et, bien que la partie logique de mon cerveau sache qu'elle me raconte des salades, des bobards énormes, cela fait un bien fou pour garder mon rythme cardiaque à un niveau acceptable de deux cents battements à la minute.

Je serais peut-être en train de grimper aux parois en hurlant « Oh, mon dieu, un des réacteurs vient de tomber ! » et Jill pourrait simplement répondre calmement : « Non, c'est parfaitement normal dans ce type d'appareil ; ils en larguent un simplement pour modifier le braquage en préparation pour l'atterrissage. » Et je la croirais !

Ainsi, avec Jill chargée de me tenir par la main et moi chargée de rechercher nos hébergements, on partit encore une fois à l'aventure pour en découvrir plus sur la belle Auvergne.

Chapitre 11
Les lièvres bichonnés

C'est un peu étrange, vu à quel point je déteste prendre l'avion, mais j'avais accumulé des Air Miles sur toutes mes courses et mes achats de carburant depuis des années. J'en avais donc beaucoup qui pouvaient être échangés pour des vols gratuits.

Jill et moi options pour un vol de Londres Heathrow à Lyon, à bord de ce qui semblait – à mon œil pris de panique – un tout petit appareil, pas tout à fait apte à la tâche. En plus, il s'avéra qu'il n'y avait pas moyen de me servir le repas végétarien que j'avais commandé. Le choix était entre du bœuf et du jambon de dinde. Je me plaignis. J'avais faim. Ce n'était pas comme si je pouvais faire un petit saut dans le fast-food le plus proche. Air France me dit que, bien qu'ils aient validé ma commande pour un repas végétarien, cela ne voulait pas dire qu'ils soient dans l'obligation contractuelle de m'en fournir un.

Heureusement, cette attitude ne s'appliquait pas à l'appareil, qui semblait posséder tous ces moteurs et machin-trucs techniques requis, car il nous emmena à destination sains et saufs, en dépit de son air de criquet gigantesque sur l'asphalte, à côté des avions de taille raisonnable.

Jill et moi sommes de bonnes amies depuis le début des années 1980, quand j'avais un centre équestre au Pays de Galles. Elle venait d'abord faire des randonnées et ensuite elle s'était acheté un cheval, qu'elle laissait en pension chez moi. Nous nous entendons merveilleusement bien – ceux qui y croient diront que c'est parce qu'on est toutes les deux du signe du lion, de vraies âmes sœurs. Ceux qui n'y croient pas le mettraient sur le compte du hasard.

Une mesure de la force de ce lien étroit est le fait que, s'étant donné rendez-vous à la bonne aérogare de Heathrow – moi qui descendais du Lincolnshire, elle qui venait de l'ouest du Pays de Galles – on réussit à se garer au parking longue-durée énorme, dans des rangées voisines et à cinq minutes l'une de l'autre, sans l'avoir planifié.

Jill m'avait laissé choisir et réserver les chambres d'hôtes, car j'avais plus de temps qu'elle pour faire des recherches. À cette époque, je travaillais comme journaliste d'investigation enquêtant sur les eaux troubles des services financiers offshore, et j'avais un accès facile à un ordinateur pour faire des recherches pendant mes pauses de midi.

Jill est enseignante en agriculture, donc, vu qu'on aime toutes les deux la campagne et tout ce qui tourne autour des animaux, j'avais opté plutôt pour des hébergements dans des fermes. Notre première nuit devait être chez des éleveurs de chèvres laitières des

Bois Noirs, au nord de Thiers.

C'était vers Pâques, qui cette année-là tombait en avril et, fort des souvenirs glorieux d'un soleil chaud dans la vallée du Rhône pendant ma scolarité lointaine, j'avais mis dans mon sac des pantalons transformables « zip-off » et des chemises à manches retroussables, dans l'anticipation de bronzer. Lorsqu'on quittait l'autoroute pour commencer la montée entre des arbres sinistres, on rencontra de la neige. Une quantité de neige non-négligeable.

Nous insistions pour nous frayer un chemin, Jill dans son rôle habituel de co-pilote, munie d'une carte et des directives envoyées par notre hôte, moi au volant de la petite voiture de location qu'on avait récupérée à l'aéroport.

Il devint vite évident qu'on s'était totalement égarées, sans aucun signe de civilisation dans les parages. On se rassura avec confiance : il n'y avait plus de loups dans ces bois. Mais la nuit tombait maintenant et nous étions fatiguées, toutes les deux, et nous avions faim.

Heureusement, on tomba sur un de ces bars ruraux en plein milieu de nulle part, ceux dont on n'arrive pas à imaginer d'où viennent ses clients, ni comment ils arrivent à tenir. L'assemblée exclusivement mâle paraissait amusée de voir deux femmes d'un certain âge surgir de cette neige et franchir le seuil pour demander leur chemin. Ils étaient contents de nous indiquer la bonne route et ils nous écrivirent l'itinéraire sur le dos d'un sous-bock.

Il faisait déjà nuit noire, les routes étaient

couvertes de neige et je devais rouler au pas dans notre petite Corsa de location. En outre, on découvrait un fait de la vie rurale en France : ni les routes, ni les habitations n'ont des noms affichés. Seuls les noms des hameaux eux-mêmes sont indiqués. Ainsi, lorsqu'on arrive vers un groupe de maisons, il faut descendre pour aller vérifier le nom de famille sur chaque boîte aux lettres pour trouver sa destination.

Lors d'une de ces descentes, Jill trouva un petit panneau qui indiquait le chemin de notre chambre d'hôtes. Donc, pendant qu'elle continuait à pied, j'essayai de tourner la voiture en plusieurs coups et finis par l'immobiliser, échouée sur une ornière endurcie par le gel. Il y eut quelques grincements affreux pour la dégager, mais peu après, on nous fit rentrer dans une cuisine de ferme accueillante, chauffée par une flambée dans la grande cheminée, où un vrai festin était dressé sur la longue table en bois.

Encore plus étonnant – surtout en Auvergne, où on apprécie tant la viande – ils ont pris en compte mon régime quasi-végétarien avec un bon feuilleté au fromage, des œufs durs en sauce béchamel et un gros saladier de taboulé. Il y avait divers morceaux de bête morte pour Jill, la carnivore.

Selon la tradition, on servit le fromage après le plat principal – surprenant pour des anglaises qui avaient l'habitude de voir le fromage servi après le dessert, plutôt qu'avant. Bien sûr, il y avait beaucoup de fromage de chèvre fait maison.

Après avoir dévoré tout cela, on nous servit un gâteau au chocolat délicieux, pour lequel il restait bien peu de place.

Notre hôte était un vrai boute-en-train et nous régalait pendant des heures avec ses anecdotes. Les autres clients, un couple d'enseignants belges, parlaient bien l'anglais tous les deux, mais nous préférions tous parler français. Ainsi, notre première impression de l'Auvergne lors de ce voyage était très positive.

Parce qu'on avait décidé de voir le plus possible de la région en peu de temps, on avait décidé de ne rester qu'une nuit dans chaque chambre d'hôtes. C'était avec un certain regret qu'on quitta le lendemain matin le confort et l'accueil chaleureux de notre premier hébergement, cap vers la préfecture, Clermont-Ferrand. Il faut bien dire que, avec sa pierre volcanique presque noire et sa conurbation étendue, la grande ville de Clermont vue de loin est peu avenante.

Même dans le meilleur des cas, je trouve les grandes villes peu attirantes et, bien que Jill soit d'origine londonienne, elle est devenue plus campagnarde. Elle était d'accord pour qu'on essaie d'éviter la ville et la contourne pour aller voir cette autre attraction de la région, les volcans, y compris le plus gros à 1 465 mètres, le Puy-de-Dôme, qui prête son nom au département.

C'est alors qu'on découvrit à quel point la saison touristique auvergnate est courte. L'autocar qui emmenait les touristes pour une virée aux sueurs froides jusqu'au sommet du Puy-de-Dôme ne commença à circuler que quelques mois plus tard. La route, qui était parfois ouverte aux voitures, était en ce moment fermée pour des travaux de débardage. On se contenta donc d'une balade agréable dans les bois de hêtres au pied du puy, avant de reprendre la route pour explorer un prochain coin de la région.

En route, on s'arrêta pour voir un château. Vous devinez ? Oui, bien sûr : ouvert uniquement l'été. Alors, on trouva la prochaine chambre d'hôtes à la lumière du jour, au plus grand soulagement, probablement, de la pauvre petite voiture de location.

Notre chambre avait une vue imprenable sur le Puy-de-Dôme enneigé et, même avec le chauffage éteint, elle était si bien isolée qu'on avait chaud.

Cette fois-ci les autres pensionnaires étaient trois familles françaises, une avec des enfants qui – contrairement aux enfants britanniques – mangeaient à table avec nous et qui semblaient rester éveillés bien longtemps après que nous battions de l'aile et que nous luttions contre les paupières tombantes en mangeant la mousse au chocolat et sa meringue aux noisettes.

Un des couples décida de nous raconter quelques aventures de vacances. Quelle chance pour moi, car ils nous racontaient ce qui leur était arrivé dans ce que je crois qu'ils dirent être le plus haut téléphérique du monde, quelque part en Amérique du sud. Et il tomba en panne. Au plus haut point. Au-dessus d'un canyon.

Une des raisons pour lesquelles je déteste autant prendre l'avion est mon acrophobie : j'ai peur des hauteurs. Haut est un terme relatif. Pour certains, cela pourrait être un téléphérique. Pour d'autres – comme moi – c'est plutôt le sixième échelon d'une échelle.

Écouter leur long récit dramatique était pour moi une forme de supplice. Surtout quand ils arrivèrent au moment où la seule façon de sortir les passagers de la cabine paralysée était de faire appel aux forces spéciales, qui descendirent en rappel pour les transférer dans une sorte de nacelle en rotin. < Les mains sur les oreilles, la-la-la >. Une occasion où j'aurais souhaité que mon français ne me permette pas de suivre une conversation.

Pour planifier notre *road trip*, j'avais décrit un parcours vaguement circulaire autour de l'Auvergne, en sens inverse des aiguilles d'une montre. Ceux parmi vous qui s'intéressent à la sorcellerie trouveront peut-être significatif qu'autrefois le fait de tourner volontiers *widdershins* (un vieux mot anglais pour le sens antihoraire) était un ancien indice pour identifier une sorcière.

Ainsi, on continua vers le sud dans le département voisin, le Cantal, qui paraissait encore plus dépeuplé que le Puy-de-Dôme et possédait plusieurs « Plus beaux villages de France », qui ne décevaient point.

On découvrit même un château spectaculaire sur un lac et, étonnées de le trouver ouvert, on fit la visite guidée. Peut-être encore sous le choc, j'arrivai même à grimper dans la tour, mais je n'osai pas jeter un coup d'œil par les meurtrières, ni en montant, ni en descendant.

Notre hôtesse ce soir-là nous fit découvrir une spécialité du terroir : une liqueur fabriquée avec les racines des gentianes qui poussent partout dans cette région. Pas les petites gentianes alpines bleues qu'on voit dans les jardins, mais *Gentiana lutea*, la grande gentiane jaune des montagnes. Nous trouvâmes que cette nouveauté ressemblait à un remède de grand-mère pour la toux, qui aurait probablement un goût plus agréable. C'est un peu spécial et pas au goût de tout le monde. J'imagine qu'elle ferait un excellent traitement contre les vrillettes ou pour protéger le bois. [Nota : il faut comprendre pourquoi les bricoleurs anglophones en France risquent de se plonger dans l'embarras en se trompant avec ce faux-ami : pour nous, le mot pour un tel produit de protection est « *preservative* ».]

La meilleur façon de voir n'importe quelle région est, généralement, de se mettre au plus haut possible permis par l'acrophobie et de savourer des vues panoramiques. Donc, le lendemain on se tourna vers le Puy Mary, qui fait partie d'un volcan ancien, le plus gros stratovolcan d'Europe.

Malheureusement, c'était un de ces jours « jeu interrompu en raison de la neige », car une neige abondante nous empêchait de poursuivre la route choisie pour monter au sommet d'un côté et redescendre de l'autre. On opta plutôt pour une petite marche dans des congères impeccablement blanches jusqu'aux genoux et on était ravies d'entrevoir de loin ce que mon livre de faune sauvage indiquait pouvoir bien être une genette, le petit chat moucheté qui habite ce coin.

Encore un château – ouvert, lui aussi, à notre plus grande surprise – et cette fois-ci j'étais aiguillée à grimper en haut de la tour, car deux autres visiteurs, des Catalans, qui avaient dépassé les quatre-vingts ans, réussirent à monter tout sauf le dernier escalier du haut. Alors, je devais faire mieux, bien sûr. Je grimpai la dernière volée, les genoux tremblants et défaillants.

Toutes ces promenades dans la neige nous déshydrataient et, bien qu'on ait plein de crème solaire protectrice, je n'avais pas pensé à apporter un produit pour les lèvres, car je m'attendais à bronzer plutôt qu'à me gercer dans le vent. Donc, dans la ville suivante, on trouva une pharmacie, où je fis un de mes mélanges légendaires de deux mots français à sonorités similaires.

Je cherchais le mot pour l'anglais lips : lèvres. On peut comprendre que le pharmacien me regarde curieusement. Sans doute, ce n'est pas chaque jour que des touristes étrangères bizarres d'un certain âge débarquent dans ses lieux et essayent d'acheter un baume pour soigner les pauvres petites bêtes à longues oreilles des montagnes.

Partout où on passait, on voyait des volcans. Ils poussaient comme des boutons sur le visage d'un adolescent. Des gros, des petits, seuls, en groupe… Des volcans et des vaches rouges qui paissaient. Elles étaient d'un rouge d'acajou riche, avec une touffe de blanc au bout de la queue et des cornes énormes en forme de lyre.

Elles étaient, découvrit-on, des vaches Salers – la race locale mixte laitière et bouchère. Malgré leurs armes formidables, elles paraissaient incroyablement placides. On apprit qu'elles sont de telles bonnes mères qu'une vache ne laisserait pas descendre son lait à moins que son veau ne soit à ses côtés pendant la durée entière de la traite.

Visiblement, elles étaient d'une rusticité extrême, car beaucoup semblaient vivre dehors tout le long de l'année sans paraître souffrir.

On longeait tranquillement l'extrémité sud du Cantal vers le troisième département de notre périple, la Haute-Loire, pour découvrir la belle ville du Puy-en-Velay. Ici, chaque piton rocheux volcanique semble être muni d'une statue de la sainte vierge, au moins, voire une église érigée au sommet.

Pour ceux qui croient que Paris bat tous les records en matière de crottes de chien, je peux vous dire – avec quelque peu d'autorité – que ce n'est pas le cas. Jamais de ma vie je n'ai vu un tel rassemblement. Il ne restait guère un centimètre de trottoir qui n'avait pas son monticule de « besoins », malgré plusieurs endroits désignés pour le soulagement des chiens, qui en débordaient.

Dans cette région on se permit de vivre un peu sa passion pour l'équitation. On visita un musée équin passionnant avec l'âne le plus duveteux et bouclé que j'aie jamais vu, et on passa la soirée en chambre d'hôtes chez une jeune Allemande qui gérait un centre équestre à proximité. Nous échangions, elle et moi, des anecdotes d'horreur autour des centres équestres dans un mélange de français et d'allemand jusqu'à tard le soir.

Ensuite, il fut temps de se diriger à nouveau vers Lyon pour le vol de retour. J'avais ciblé une route qui traversait Tournon, où j'avais passé un séjour d'échange scolaire, et St Vallier-sur-Rhône, où Meg et moi avions passé ces premières vacances inoubliables en France, logées de part et d'autre de la même rue. Retourner s'avère toujours risqué. La petite ville endormie dont je me souvenais était maintenant grouillante et embouteillée.

Les collines des alentours, où j'étais allée avec « la bande », étaient dorénavant parsemées de nouveaux lotissements quelconques.

Après toute la merveilleuse verdure et les panoramas sans fin de l'Auvergne, tout paraissait aride et surpeuplé.

Je n'ai pas eu à prendre la décision. Quand le moment viendrait de mettre le cap vers la France, ce serait presque certainement vers les vastes espaces verts de l'Auvergne.

Chapitre 12

Il y a toujours un Plan B

Or, je suis de nature prudente, du genre « *belt and braces* » (ceinture et bretelles). J'aime avoir au moins un plan B pour toute chose dans la vie, y compris la plus banale. En effet, je suis même contente d'avoir jusqu'au plan Z en réserve, au cas où.

L'Auvergne m'avait séduite. Mais je crois que souvent la meilleure façon d'évaluer à quel point on aime une chose est de s'exposer à une autre, entièrement différente, pour comparer et contraster.

Une partie de mon parcours varié consistait à travailler dans l'éducation des adolescents ayant des troubles d'apprentissage, par le biais des chevaux. Une démarche fascinante. J'étais coordinatrice de formation professionnelle – titre impressionnant, qu'on m'avait permis d'inventer pour mon propre poste. Je leur trouvais des placements d'expérience de travail, les envoyais sur le terrain, et ensuite j'allais les voir pour vérifier que tout allait bien.

Tous ces jeunes étaient fortement motivés pour l'équitation. Dans la plupart des cas, motivés par rien d'autre. Ainsi, mon idée était que chacun devait faire deux placements : un dans un milieu équestre, l'autre dans un milieu totalement différent.

On les sortait pour travailler dans les grandes surfaces locales, ou aider dans des cafés et des pépinières. L'un, qui avait une mémoire quasi-photographique pour des horaires de trains, avait passé quelques jours idylliques à aider British Rail, l'opérateur des chemins de fer.

Trouver un placement chez un dentiste s'avérait peut-être mon plus grand défi. Mais j'avais rencontré l'adorable Robin aux cours de français qu'on suivait tous les deux et il était ravi de nous aider. Ainsi, le jeune David avait passé quelques jours magnifiques, comme il nous dit avec enthousiasme : « à regarder des gens se faire distraire les dents ».

En appliquant ma propre théorie, je pensais qu'il fallait que j'aille jeter un coup d'œil à une autre région française, juste pour voir si cela confirmerait ma passion pour l'Auvergne.

Je rejetai tout de suite l'idée du « Dordogneshire », comme on appelle parfois la Dordogne, à cause de son nombre élevé d'expatriés britanniques. Ce n'est pas que je suis antibritannique. Je le suis moi-même à soixante-quinze pour cent. Mais je ne vois pas du tout l'intérêt de quitter un pays pour s'installer dans un autre et s'entourer de gens originaires du pays qu'on vient de quitter.

En parcourant la toile pour regarder les prix immobiliers, le Limousin émergeait comme possibilité. Mes moyens étant très modestes, pour m'acheter une maison, elle devait être peu chère. J'avais toujours l'argent que Tata m'avais légué, bien à l'abri sur un compte d'épargne en ligne, mais il n'y en avait pas tant que ça – juste suffisant pour verser un dépôt. Je ne suis pas une optimiste béate au point de penser à vendre ma petite maison de Market Rasen avant d'être sûre que je m'installerais bien en France.

Un mot sur mon petit cottage du Lincolnshire. Lorsque je débarquai dans le coin pour la première fois ayant quitté le Dorset, je louais une maison très agréable, ancien logement social dans un petit village très recherché, nichée dans un des plus jolis coins des Lincolnshire Wolds.

Pour ceux qui ne connaissent pas le comté – ça doit représenter environ quatre-vingt-dix pour cent des anglais, malgré sa grande superficie – le Lincolnshire n'est pas exclusivement plat, bien que de grandes étendues le soient. Le charmant paysage des Wolds est bien ondulé de collines et de vallons, et l'endroit autour de mon petit cottage était désigné « *Area of Outstanding Natural Beauty* », une zone de beauté naturelle exceptionnelle – et à juste titre.

À cette étape de ma vie, je ne pensais pas vraiment à m'acheter un bien, et je n'étais pas certaine que le Lincolnshire soit l'endroit où je voulais m'enraciner, car je n'y étais que depuis six mois. Mais, tout comme l'Enfant d'éléphant de Rudyard Kipling, je suis pleine d'une insatiable curiosité.

Alors, lorsqu'une voisine me raconta des histoires horribles à propos d'un cottage du hameau qui serait mis sur le marché, je ne pouvais qu'aller y jeter un coup d'œil. Elle me dit qu'il avait été repris par la société de prêt quand l'ancienne occupante – qui souffrait de troubles de santé mentale, apparemment – avait accumulé des arriérés et ne pouvait plus y vivre seule.

Selon ma source, la maison était en piteux état car pendant des années la bonne femme gardait tous ses animaux à l'intérieur – et je veux dire vraiment tous. Apparemment la ménagerie comprenait des chiens, des chats, des poules et des chèvres. Il semblait qu'une entreprise de nettoyeurs commerciaux fut envoyée pour au moins rendre la maison suffisamment présentable pour être mise en vente.

La voisine d'à côté me dit plus tard que deux jeunes hommes empruntèrent avec assurance le chemin vers la porte arrière (ces anciens cottages d'ouvrier agricole n'avaient qu'une seule porte à l'arrière de la maison), pleins de bravade. La voisine les salua amicalement au-dessus de la clôture de jardin et les avertit des horreurs qu'ils allaient rencontrer.

Ils étaient vraiment machos, débordant d'histoires sur les choses épouvantables qu'ils avaient vues et comment ils étaient prêts à tout. Elle me dit qu'ils restèrent à l'intérieur cinq minutes, pas plus, avant de déguerpir et ils refusèrent d'y remettre les pieds.

Une deuxième entreprise vint, munie de nettoyeurs haute pression et décapèrent tout simplement onze ans de crasse accumulée du mieux qu'ils pouvaient, mais cela fut le seul effort de nettoyage ou de préparation pour la vente. Pas exactement du *home staging* !

À ce moment-là, j'avais ma mère et Tante Ethel

chez moi, car c'était en 1997, avant que l'une ou l'autre ne commence à perdre le nord ou ne soit, par conséquence, placée dans une maison de retraite. Je décidai qu'il serait amusant de les emmener voir cette maison d'horreurs. Je ne savais même pas quel agent immobilier s'occupait de la vente, car il n'y avait pas encore de panneau, mais il n'y avait pas autant d'agences que ça à Market Rasen, alors je partis à sa recherche.

Je ne savais pas grande chose sur le bien. J'y étais passée devant avec Meic quelques fois sur nos parcours de découverte dans le coin et je le trouvais agréable. Il était bien situé au bout d'un chemin d'exploitation, face à une grande cour de ferme.

J'eus de la chance en entrant chez la première agence. Ils venaient juste de recevoir le mandat de vente, ils avaient les clés quelque part < fouillant beaucoup pour les retrouver >, mais ils n'avaient pas encore eu le temps de préparer une fiche détaillée.

Munie des clés, on partit, les deux mamies et moi ; on déambula jusqu'à la porte du bien et tourna la clé.

C'est difficile à dire lequel de nos sens fut atteint en premier. L'odeur était indescriptible. Mais mon attention fut attirée par les taches brunes révélatrices partout sur le sol et les encadrements de portes, où nous regardions.

Avant même de franchir le seuil, Maman disait « Non, non, non », mais Tata, qui se montrait étonnamment intrépide, fouinait ici et là, regardait dans des pièces et des placards, et me suivait à l'étage pour faire le tour des chambres – bien courageuse, vu que par endroits les planches là-haut était pourries par une accumulation de plusieurs années d'urine des animaux.

Il était plus spacieux qu'on ne croyait, avec trois chambres et une salle d'eau mais, pour les lecteurs de disposition fragile, je ne m'attarderai pas sur les taches dans la baignoire. Ma voisine ne me raconta leur origine qu'après, lorsque j'étais propriétaire. Je pourrais vous en parler à un moment ou un autre, mais je vous avertirai préalablement avec un coup de klaxon du style *Quatrième Dimension*.

C'était excentrique, vraiment cottagesque, avec des fenêtres aux rebords près du sol et une fenêtre aléatoire dans la deuxième chambre qui donnait sur l'escalier et le rendait bien plus lumineux qu'il aurait pu être.

Maman entonnait encore ses « non, non » quelque part de loin, mais Tata l'intrépide dit : « C'est tout à fait toi. Il pourrait être très accueillant, et si lumineux. »

Alors, on retourna en ville pour rendre les clés et je fis une offre d'achat sur le champ un peu en-dessous du prix demandé, qui était plus que raisonnable pour la région, même compte tenu de tous les travaux qu'il fallait faire. À ma surprise presque, on accepta mon offre.

Après avoir investi autant de temps, d'effort et d'énergie dans un petit *grottage* (*grotty*, affreux, miteux + cottage), comme je l'appelais affectueusement jusqu'à ce qu'il prenne bonne tournure, je ne m'empressais pas de le laisser partir sans que ce soit vraiment nécessaire et sans avoir trouvé quelque chose que je pouvais prendre autant à cœur.

Ainsi, toujours à l'étape de planification, c'était « *on the road again* » pour les routes et le grand air du Limousin, et un autre voyage de découverte pour m'assurer qu'il y avait bien en place un Plan B.

Chapitre 13

Comme le Pays de Galles, aux salamandres

Pour cette aventure, je décidai cette-fois-ci d'être incroyablement courageuse et de partir seule. Mon premier vol en solo. Jill était probablement partie en Islande, en Inde, en Afrique ou quelque part pour ces vacances d'automne.

Je pris un vol Stanstead-Limoges à prix cassé, qui n'était pas si mal que ça (pourtant, à cette mention seule, pas mal de britanniques auront déjà en tête la chanson satirique qui reprend le style folklorique irlandais pour se moquer de ce genre de vol : *Cheap Flights* de Fascinating Aïda). Mais comme toujours avec ces lignes bon marché, l'aéroport se trouvait pour le moins un peu loin de tout et il n'y avait aucun transport en commun, alors je fus obligée de prendre un taxi.

Je descendis dans un hôtel simple et peu cher pas loin de la gare pour pouvoir entreprendre facilement le lendemain la prochaine étape de mon aventure. Si peu cher, en effet, qu'au petit déjeuner la vaisselle s'avérait plutôt rare ; on mettait simplement sa tartine – la seule chose proposée – sur son plateau et la consommait ainsi.

Je décidai de passer le temps d'attente avant le train en visitant la cathédrale. Optimisme béat, encore une fois ? Bien sûr ! Fermée pour travaux. Je trouvai pourtant un jardin botanique très agréable avec beaucoup de plantes intéressantes, dont plusieurs étaient encore en fleurs, et où je rencontrai un chat noir vraiment amusant qui insista pour me faire la visite guidée. Il marchait devant moi pendant un moment, disparaissait dans la végétation, puis surgissait des arbustes à côté d'une plante qu'il croyait mériter mon attention.

À la gare, je me montrai téméraire et je pris l'ascenseur d'extérieur tout vitré. Oui, je sais, il ne s'agissait que d'un seul étage, mais ceux d'entre vous qui souffrent aussi de l'acrophobie comprendront la signification de cet acte courageux.

En ayant parcouru le web à la recherche des lieux intéressants à visiter, j'avais choisi la petite ville de Guéret dans la Creuse car, s'il y avait un animal sauvage que j'avais toujours voulu voir de près en tête-à-tête, c'est un loup, mais j'en avais entendu un hurler dans les Rocheuses canadiennes. Pas loin de Guéret se trouve un parc qui s'appelle Les Loups de Chabrière.

Je voulais que mon voyage en France soit aussi « vert » que possible. J'avais pensé à prendre le ferry, soit avec ma petite Golf assez inoffensive, soit comme passager à pied. Je reçus un choc quand je vis les prix à partir de Hull, le port le plus proche ; j'avais l'impression qu'ils me précisaient le prix de quelques actions dans l'entreprise plutôt qu'un billet aller-retour. En plus, le long trajet en voiture jusqu'à Douvres m'attirait peu, aussi bien par ses aspects pratiques qu'environnementaux.

Donc j'optai, après tout, pour le vol à bas prix, mais je choisis, quand même, de prendre ma voiture jusqu'à l'aéroport, car « *a taxi to the arse of the world was more than a hundred pound* » (un taxi jusqu'au cul du monde coûtait plus de cent livres), *diddly aiden daidin daidin dai…* Et si vous ne connaissez pas cette chanson, vous serez maintenant obligé de la chercher sur Google !

En accord avec ma mission de voyager plus « vert », je louai un vélo à l'office de tourisme. Optimiste ? – Moi ?! La dernière fois que je suis montée à vélo remontait à bien des années. Je n'en n'avais jamais fait beaucoup et je n'étais pas très douée non plus.

Il y avait ce moment mémorable lorsque j'allais à vélo entre le bâtiment principal du collège (Stockport High School for Girls, où j'allais à contrecœur) et l'annexe pour un cours de violon. Je n'éprouvais aucun enthousiasme ni pour l'un, ni pour l'autre ; vous vous rappellerez, peut-être, que je m'y suis mise simplement parce que les cours de violon avaient lieu à la même heure que le sport principal de l'école, la crosse, que je détestais avec passion. Pédaler avec le violon sur le guidon m'avait fait perdre l'équilibre et je tombai, raclant mes fesses sur le goudron et enlevant une couche de peau.

Notre jeune prof mâle de violon décida – très sagement, même durant les années 60, où on ne pensait pas à ce genre de choses – qu'administrer les premiers soins au derrière d'une élève n'était pas de son ressort. Ainsi, il convoqua mon amie Meg, qui noblement me mit un pansement. On sait que quelqu'un est une vraie amie quand elle vous collera un pansement sur les fesses.

Or, j'arrivai à l'office de tourisme pour chercher mon vélo fiable, qui s'avérait avoir une selle très inconfortable – ou, au moins, pas conçue pour mon anatomie particulière – et j'avais plutôt l'habitude de passer des heures sur la selle d'un cheval. Je pris mon sac à dos et je partis vacillant à la recherche de la chambre d'hôtes que j'avais réservée.

Elle s'appelait Le Cottage et avait l'air d'une maison de sorcière dans un conte de fées, avec une toiture basse qui se penchait sur de toutes petites fenêtres, un peu sombre, entourée de plusieurs arbres et arbustes qui empêchaient la lumière du jour d'y pénétrer.

La mentalité Anglo-Saxonne a du mal à comprendre toutes ces maisons françaises du centre et du midi, conçues pour exclure autant que possible le soleil et garder la fraîcheur à l'intérieur. On n'a pas l'habitude de ce soleil qui tape aussi fort en plein été, même si en plein hiver on arrive difficilement à l'imaginer.

Ma chambre était charmante : un papier peint

imprimé de grosses fleurs épanouies sur chaque surface imaginable, y compris le plafond, un vieux plancher qui grinçait et une petite salle d'eau dans un cagibi qui demanda un peu d'imagination dans son emploi afin d'éviter de me faire décapiter, même avec ma taille modeste.

La propriétaire bien gentille et serviable me donna des bons de réduction pour un repas en ville ce soir-là, car elle ne proposait pas le dîner. Avec bienveillance, elle enferma mon vélo sous clé, maugréant contre l'office de tourisme de ne pas m'avoir fourni de dispositif antivol, et elle insista pour que j'y retourne le lendemain en réclamer un.

Il y avait, m'informa-t-elle, d'autres hôtes, mais ils étaient là pour cueillir des champignons dans les bois, aussi seraient-ils debout et partis avant 3 heures du matin. À chacun ses goûts.

La maison était plutôt bien entretenue, mais une odeur de pipi de chat trônait partout, ce qui me rendait nostalgique pour les tous premiers jours de mon propre *grottage*. Le petit déjeuner du lendemain était copieux : du vrai pain – à la différence du pain de sandwich de l'hôtel à Limoges – avec de la confiture de cerises faite maison et un merveilleux gâteau aux noisettes. J'en empochai une tranche pour mes dix heures.

Même à mon goût, le thé ressemblait à de la pisse d'âne. Lorsque j'étais journaliste débutante, je buvais du thé si fort qu'une souris aurait pu le traverser au trot, mais au cours des années mon palais a évolué et aujourd'hui je le préfère nettement moins fort. Je croyais que Madame me disait que c'était du « thé Earl », c'est-à-dire du Earl Grey, mais après coup je compris que c'était du tilleul – une tisane beaucoup moins connue de l'autre côté de la Manche.

Bien rassasiée, il était l'heure de me diriger vers le parc des loups ; un beau matin d'automne qui rendait l'idée d'un tour à vélo bien agréable. J'avais ma carte, mais Madame de la chambre d'hôtes insista pour que je prenne un raccourci. J'appris de la façon dure que les Creusois ont la tendance étrange – comme pas mal d'autres français, d'ailleurs – à être plutôt vague dans l'interprétation des raccourcis et des directions en général.

J'avais l'impression d'avoir couvert une bonne distance et bientôt je me trouvais dans des bois mixtes de feuillus et de conifères, très semblables à la Brechfa Forest au Pays de Galles où j'habitais pendant huit ans. Bizarrement, les chemins de la forêt étaient parsemés de corps de plusieurs salamandres noires et jaunes. À ce jour, je ne comprends toujours pas pourquoi.

Enfin, j'arrivai devant une pancarte qui indiquait « Les Loups de Chabrière – 3kms ». Fort de ce signe encourageant au moment où mes énergies baissaient à force de ne pas avoir la forme pour le cyclisme, je pressai le pas, pédalai et marchai un bon moment (marchai, car quelques pentes dépassaient mon niveau à vélo). Ensuite, j'arrivai vers un autre panneau – qui indiquait exactement la même distance. Sans doute une private joke française.

Finalement, j'y étais, devant le parc des loups qui,

bien sûr, était fermé pour une pause déjeuner de deux heures. Une autre habitude française qui surprend les britanniques, mais qu'ils apprécient pourtant et adoptent eux-mêmes assez facilement. Le soleil brillait, donc je m'installai sur des rochers et étalai mon pique-nique pour attendre la réouverture.

C'était une expérience vraiment remarquable. Les loups étaient en liberté dans un parc énorme, hormis un ou deux dans des enclos plus réduits à proximité pour des raisons particulières, pendant que nous, les visiteurs, devions les observer du haut d'une palissade issue directement des films du genre *Alamo*.

La visite guidée était fascinante, bourrée d'informations nouvelles pour moi, et facile à suivre. Nous regardâmes les loups en train d'être nourris et ensuite on nous dit qu'on pouvait les regarder aller boire et se baigner, comme ils aimaient faire toujours après avoir mangé.

Comme j'étais arrivée plus tôt que les autres visiteurs, j'avais fait une petite reconnaissance du terrain et j'avais repéré un vrai raccourci qui descendait vers l'affût solide aux panneaux vitrés qui nous permettrait d'observer les loups de tout près, sans les déranger ou nous mettre en danger.

Je m'éclipsai du reste du groupe, arrivai en premier et passai plusieurs merveilleuses minutes privilégiées, toute seule dans les bois à quelques pieds d'une meute de loups gris européens, qui étaient inconscients de ma présence et qui vaquaient à leurs ablutions comme si personne ne les observait.

Ce fut les bons moments et les points forts de mon

voyage exploratoire dans le Limousin. Mais quels étaient les points faibles qui m'ont fait savoir, sans le moindre doute, que ce n'était pas la région pour moi ?

D'une part, le paysage. Les endroits que j'avais vus, bien que probablement pas représentatifs, se montraient plutôt fades, par rapport à la splendeur sauvage de l'Auvergne. Il n'y avait pas cette impression époustouflante d'immensité et d'isolation que j'y avais trouvée et adorée.

Une grande partie ressemblait trop aux coins du Pays de Galles où je vivais, avec quelques interruptions, pendant quinze ans. Je ne voyais pas l'intérêt de déménager d'un pays vers une région presque identique à la mienne. Les espaces vastes de l'Auvergne me manquaient ; les volcans et les vaches rouges me manquaient aussi.

Puis il y avait le facteur « Brit ». En Auvergne, on n'avait ni vu ni entendu un seul britannique. Aussitôt atterrie à l'aéroport de Limoges, en sortant dans la halle, la première chose qui me sauta aux yeux fut le stand d'un agent immobilier anglophone, et j'entendais parler presque autant d'anglais que de français.

Pire, lorsque je commandai un chocolat chaud au snack, il y avait des britanniques qui ne faisaient aucun effort pour parler un seul mot de français au serveur, même pas un « merci » lorsqu'ils obtinrent leur commande. Un homme avait même sorti une poignée de monnaie et l'avait laissé tomber sur le comptoir, sans faire le moindre effort pour trouver les bonnes pièces.

Or, je suis dyscalculique. Juste un peu, mais suffisamment pour me faire paraître bête devant les calculs. Même moi, je pouvais piger que l'objet rond et brillant qui ressemblait à une pièce d'une livre était un euro, et que les autres pièces étaient marquées de 50, 20,10 ou 5 pour montrer combien de centimes elles valaient. Pas vraiment très sorcier.

Oui, je sais, je juge trop. Je savais simplement que cette région ne me convenait pas. Retour alors aux rêves d'Auvergne, ou n'importe quelle autre région de France aux grands espaces sauvages et sans trop de Brits.

Chapitre 14

C'est La France, Jim, mais…

...not as we know it, Captain – mais pas comme on la connaît. Il est fort probable que, comme la plupart des britanniques, je n'avais jamais réalisé que la Corse était française. Si j'y avais vraiment pensé, j'aurais probablement supposé que cette île était italienne, comme sa voisine, la Sardaigne. Que j'aille la visiter fut le fruit du hasard et j'étais séduite par son esprit décalé français-mais-pas-trop.

J'avais mon centre équestre au Pays de Galles à l'époque bien avant l'internet, aussi toute la publicité pour les vacances en selle était faite à l'ancienne : par des annonces dans des magazines. Mon annonce paraissait alors dans la plupart de la presse hippique, à côté d'articles de fond rédigés par les divers journalistes que j'avais invités à passer un week-end gratuit au centre contre cette publicité.

Montrant un esprit d'entrepreneuriat étonnant, une équipe en Corse décida de faire la publicité pour ses vacances à cheval par des vidéos (c'était bien avant l'arrivée du DVD), en les envoyant de façon spéculative aux centres équestres, comme le mien, qui mettaient des annonces dans les magazines principaux.

Lorsqu'une vidéo arriva spontanément dans ma boîte aux lettres au sommet d'une montagne galloise, je l'avais presque rejetée par avance, mais la lettre qui l'accompagnait m'intriguait, car elle promettait des « tripes » dans les montagnes corses.

Or, la France raffole des tripes, donc, bien que je soupçonne qu'elles pourraient figurer sur le menu, je doutais que le voyage ne consiste qu'en cela, et je soupçonnais qu'ils voulaient dire plutôt « *trips* » – des excursions. Je décidai de regarder la vidéo pour voir de quoi il s'agissait.

Le paysage montagneux était spectaculaire ! Les chevaux paraissaient en bonne forme, quoique un peu maigres, mais c'est souvent le cas dans les montagnes des pays chauds. Un animal en surpoids souffrirait beaucoup à ces températures élevées en altitude.

Des chevaux, des montagnes, la nature, le paysage… tous les ingrédients pour une de ces aventures dont mon amie Jill et moi raffolions tant. À peine nécessaire de lui demander si elle était partante et – chose étonnante – c'était un pays qu'elle n'avait pas encore visité. On recruta aussi Anne, une autre amie cavalière, qui montait régulièrement à mon centre.

Je dis à Maman qu'on y allait et elle se convainquit sur le champ qu'on serait enlevées et assassinées par des bandits. C'était simplement la vive imagination d'une mère, car nos « tripes » en Corse remontaient bien avant qu'elle ne commence à perdre ses facultés.

Donc, on s'envola à la découverte de l'Île de Beauté. Oui, on prit l'avion, malgré mon horreur de cela. J'avais recherché les trains et les bateaux, mais ils s'avéraient beaucoup plus chers pour une durée de trajet trop long. Alors, il fallait prendre l'avion jusqu'à Ajaccio, où les organisateurs des « tripes » viendraient nous chercher.

Lorsqu'on sortait de l'aérogare, deux hommes se présentèrent : du genre – il faut bien dire – qu'on aurait instinctivement évité en pleine nuit. On se demanda presque si les prédictions de Maman n'allaient pas se réaliser. Ils avaient la mine bien basanée et quelque peu sournoise. Ils nous expliquèrent qu'ils devaient nous proposer nos « tripes » à cheval mais, malheureusement, leur guide avait reçu un coup de sabot d'un des chevaux – très rassurant ! – et il s'était cassé la jambe.

Ils montraient de l'initiative, quand même, car ils avaient contacté une autre équipe plus loin au nord de l'île qui nous avait prises en « sous-traitance ». Ils nous y conduiraient, mais il y aurait quatre heures sur des routes de montagnes et on était déjà bien fatiguées du voyage.

Vu le style de conduite de nos hôtes au volant de leur vieux minibus sur ces routes de montagnes étroites et sinueuses, je crois qu'on était soulagées, toutes les trois, que la nuit soit déjà tombée et qu'on ne voit pas les ravins vertigineux. La pauvre Anne, notre amie, souffrit le plus, car elle n'était pas bonne voyageuse et il fallut demander qu'on s'arrête plusieurs fois.

Nous fîmes une pause dans une auberge montagnarde, où on nous servit un plat copieux et délicieux de sanglier aux pâtes. À cette époque avant la vache folle, je mangeais encore des bêtes mortes et tant mieux, car c'était une nouveauté pour moi que j'avais beaucoup appréciée.

Après un trajet qui semblait sans fin, on nous confia enfin à nos nouveaux hôtes, qui nous emmenèrent dans une maison vide tout près de leur centre équestre, où nous devions passer la première nuit avant de rencontrer nos chevaux et partir en randonnée le lendemain matin.

Il faisait froid, avec des bourrasques de neige fondue portées par un vent hurlant. C'était fin octobre, en période de vacances scolaires, et l'hiver descendait déjà des montagnes. Les tuyaux faisaient des bruits toute la nuit, comme le QE2 qui arrive au port avec des coups impérieux de sa corne de brume, mais on était toutes suffisamment fatiguées pour dormir sur nos deux oreilles.

On passa la semaine la plus incroyable. La Corse ressemblait aux coins de la France Métropole que je connaissais, mais plus sauvage, et il y avait vraiment des bandits dans les montagnes. On apprit qu'ils avaient fusillé le mari de la femme qui cuisinait pour nous en randonnée.

Nos hôtes, des Corses de souche, et notre guide, Michel – un français du continent tombé totalement sous le charme de la Corse – se pressaient de façon touchante pour partager avec nous tout à propos de leur île merveilleuse. Ils parlaient français ; on rencontra seulement quelques personnes âgées qui parlaient assez couramment la langue corse influencée par l'italien. Michel aimait nous régaler d'une des vielles chansons traditionnelles mélancoliques dans cette langue propre à l'île, surtout le soir après quelques verres.

À la fin de chaque journée, une fois que les chevaux étaient pansés et lavés, nourris et mis au piquet pour brouter en toute sécurité, Michel sortait les cartes et s'asseyait avec nous pour expliquer notre but du lendemain et ce qu'on pourrait s'attendre à voir comme faune et flore.

Le reste de l'équipe du centre équestre venait en véhicule pour nous rejoindre le soir, apportant notre dîner et des provisions pour le petit déjeuner. On dormait dans des gîtes ou des auberges le long du chemin, souvent dans de grands dortoirs, ou parfois dans des chambres d'hôtes.

Aucun de nos hôtes ne parlait anglais, donc c'était à moi de jouer l'interprète. Le propriétaire des écuries avait appris quelque part quelques vers de « *Show me the way to go home* », une vielle chanson populaire d'après-beuverie, et il aimait nous la chanter le soir lorsqu'il buvait du vin avec nous. Malheureusement, sobre il ne se souvenait pas de beaucoup des paroles et encore moins après des quantités copieuses de vin, alors sa version était à peu près comme ceci :

« Show me the way to go 'ome,
…tired neh-neh-neh-neh-neh *bed*.
…neh-neh-neh-neh-neh drink

And neh-neh-neh-neh-neh *'ead.* »

Ou, plus ou moins : « Montrez-moi le bon chemin pour rentrer chez moi / …fatigué neh-neh-neh-neh-neh lit. / …neh-neh-neh-neh-neh verre / Et neh-neh-neh-neh-neh crâne. » (Le sens de l'originale est : montrez-moi le bon chemin pour rentrer chez moi, j'ai pris un petit verre il y a une heure, environ, et il m'est monté tout de suite au crâne.)

Par moments nos routes étaient pour le moins aventureuses. On n'organisait pas normalement des randonnées à cheval aussi tard dans l'année, ainsi les cours d'eau, qui en été n'étaient que petits aux méandres tranquilles, étaient plutôt des torrents déchaînés, surtout plus haut en amont, et on ne pouvait pas toujours les traverser en pataugeant sans risque. En plus, à plusieurs endroits la végétation avait totalement envahi les sentiers et Michel était obligé de nous frayer un chemin à la machette.

Mon vocabulaire français était poussé au-delà de ses limites, parfois dans des situations stressantes. Lors d'une occasion inoubliable, j'informai mes compagnons de route que ce soir-là on allait manger du pain aux marrons d'Inde, car j'avais confondu mes marrons et mes châtaignes.

Dans la ville citadelle de Corte, après quelques jours dans les montagnes, on se trouva d'un coup entourés de véhicules et d'une cohue et, en traversant un haut pont au parapet bas, Michel me dit d'avertir les autres cavaliers qu'il y avait des travaux un peu plus loin, avec des marteaux-piqueurs bruyants.

C'était trop pour mon cerveau à assumer d'un seul coup, tout en essayant de maîtriser ma monture nerveuse, ainsi j'avais averti mes compagnons perplexes de la présence des « perceuses épileptiques ». Heureusement, les chevaux se comportèrent de façon exemplaire et on survécut tous à cette épreuve.

Mon cheval était une petite jument mustang montagnarde, prise sauvage sur les hauteurs et sous selle depuis peu. J'avais, comme toujours, emmené mes propres sacoches pour la randonnée. Michel m'informa que la petite jument n'en avait jamais porté auparavant, mais il espérait qu'elle les accepterait.

Et la plupart du temps c'était le cas, jusqu'au moment inopportun où les sacoches s'accrochèrent aux arbustes denses et tenaces du maquis et rebondirent d'un bruit sourd contre ses flancs.

Suivirent quelques instants intéressants lorsqu'elle baissa la tête et fonça dans le chemin en ruant et se cabrant. Heureusement, le maquis était trop épais pour qu'elle avance bien loin comme ça et je réussis à rester en selle. J'étais contente d'avoir mes chaps en daim, sans lesquels j'aurais été piquée et éraflée en beauté par la broussaille.

Nos hôtes nous informèrent que ma petite jument avait un nom anglais, qui se prononçait « Oeunpie ». On essaya de le tordre dans tous les sens pour l'angliciser : *One Pee* (un pipi), *Whoopee* (hourra)… mais on finit simplement par l'appeler Wimpey pour la semaine, Wimpey étant le nom d'un grand promoteur immobilier britannique.

C'était aussi à Corte que je prouvai à nos hôtes cette politesse britannique légendaire – ces efforts que feront les Brits pour éviter d'offenser leurs hôtes. On descendait ce soir-là dans une chambre d'hôtes et on y arriva pour déjeuner, car on aurait l'après-midi libre pour explorer la ville et sa citadelle, et acheter des cartes postales.

À cette époque, Maman vivait toujours chez elle. Je n'avais pas de moyen efficace de la contacter – c'était avant les téléphones portables – aussi j'essayais lorsque je pouvais de lui envoyer des cartes postales de mes aventures montagnardes pour la rassurer : les bandits ne nous avaient pas pris – ou pas encore.

L'intérieur de la maison était ténébreux, conçu pour exclure le soleil fort en été, avec des murs épais pour retenir la chaleur de la cheminée lors des froids hivers montagnards. On mangeait autour d'une grande table de ferme pendant que deux femmes âgées, vêtues essentiellement de noir, ressortaient constamment de la cuisine pour nous apporter encore plus de plats à déguster.

Entre-temps, l'une ou l'autre apparaitrait à la porte de la cuisine pour demander : « Ça va ? », et on souriait et hochait la tête, la bouche pleine de nourriture délicieuse, et marmonnait quelque chose en guise de réponse.

Le repas était composé de plusieurs plats, dont un feuilleté, fait d'une pâte légère et garni d'un mélange fondant d'épinards et de fromage de chèvre. Un vrai régal – sauf que mon feuilleté avait le petit plus de l'ingrédient mystère. Le perce-oreille mort.

Or, je sais que les français aiment ajouter des fèves assez diverses dans leurs galettes des rois. Mais un perce-oreille mort ? Une tradition folklorique corse un peu particulière, peut-être ?

Bien sûr, juste à l'instant où je pensais repousser mon assiette, une des femmes de cuisine en noir apparut et, me regardant droit dans les yeux, me demanda à nouveau : « Ça va ? » Donc, je levai ma fourchette chargée vers la bouche, en espérant très fort que ce ne n'était pas le morceau avec le perce-oreille, et je fis des bruits d'appréciation pendant que je faisais tous mes efforts pour le manger.

Après coup, lorsque je racontai à Michel, notre guide, l'épisode et pourquoi je n'avais rien dit, il ria si fort qu'il faillit tomber de son cheval. Et inévitablement, avec le sens de l'humour d'un écolier, lorsqu'on s'arrêta pour manger notre pique-nique de midi, il ne put pas s'empêcher d'attraper une sauterelle vivante à insérer dans ma baguette.

Nous avons adoré notre semaine en Corse, au point que nous y retournerions pour un autre séjour, accompagnées d'autres amies pour partager l'aventure.

Michel faisait de grands efforts pour acquérir quelques mots d'anglais en nous écoutant et imitant aussi bien des mots que des phrases entières. Malheureusement, celle qu'il maîtrisa le mieux était « *Don't bite my boobs !* » (Ne me mords pas les nichons !) avec un accent écossais, comme disait notre amie Maureen à sa monture espiègle Astérix. On ne pouvait qu'espérer qu'il n'allait pas le sortir aux moments inopportuns lorsqu'il guidait des visiteurs anglophones.

La Corse était belle, envoûtante, extrêmement variée dans son paysage et intriguante dans son côté sauvage. Mais comme dans beaucoup de petites îles, tout était cher. Une destination à visiter, mais impensable d'y vivre, sans être muni d'un budget bien plus important que le mien ne serait jamais.

Chapitre 15

Un coup de pouce du destin ?

Lorsque 2005 se glissait vers le nouvel an, nous approchions chacun, Maman, mon frère et moi, d'un carrefour dans notre propre vie.

Bien que Maman soit assez heureuse dans la maison de retraite agréable dans la ville où elle est née et avait grandi – elle racontait à tout le monde que son père avait construit la rangée de maisons d'en face et c'est fort possible, car il était maître maçon qui travaillait aux alentours – il devenait évident qu'ils arrivaient difficilement à subvenir à ses besoins comme ils auraient souhaité.

Elle ne pouvait plus être encouragée à se promener avec son déambulateur en toute sécurité, par peur qu'elle ne tombe. Il fallait deux personnes pour l'emmener d'une pièce à l'autre, elle avait besoin de beaucoup de soutien et d'aide pour manger et elle ne pouvait plus faire grande chose par elle-même. Elle savait toujours qui j'étais chaque fois que j'allais la voir, et elle reconnaissait Meic et l'accueillait – mais jamais moi – avec câlins et bisous.

Je lui avais donné une peluche qui était son portrait craché et presque grandeur nature qu'elle adorait laisser assise sur son lit, juste pour voir la tête et les sursauts que faisaient les aides-soignantes en rentrant dans sa chambre et qui la prenaient pour le vrai chien. À un certain niveau, elle avait gardé son sens de l'humour espiègle.

La sortir en voiture devenait de plus en plus difficile aussi, car il fallait pas mal d'effort physique pour l'y installer et l'extraire. Mais la maison de retraite était à deux pas du jardin public Taylor Park, ainsi je l'emmitouflais de vêtements chauds s'il y avait du vent et je la poussais pour y faire un tour avec Meic qui trottait à nos côtés.

Mon frère traversait une période de fort mécontentement. À se demander s'il n'a jamais été heureux de sa vie. Peut-être pendant un moment bref, lorsqu'il était jeune marié, mais cette relation se brisa assez rapidement, tout comme les fiançailles qui l'avaient suivie, ainsi qu'une série de liaisons ensuite.

Il s'était plus ou moins installé en permanence chez Maman, car la maison restait vide depuis qu'elle était entrée dans un foyer, et il avait décidé de lui « refaire une beauté » afin de la louer. Les guillemets sont là parce que, bien qu'il soit autrefois très bricoleur et touche à tout, une fois que son alcoolisme empira, son savoir-faire le quitta progressivement aussi bien que sa capacité de relativiser les choses.

Il entreprenait beaucoup trop de tâches trop complexes et, plutôt que d'achever chacune avant de passer à la suivante, il en entamait une, y perdait tout intérêt, en entamait une autre, et ainsi de suite. Alors, à un moment donné, aucun coin de ce qui avait été une maison très bien entretenue et décorée ne restait habitable. La plus grande partie était encombrée de ce que d'autres appelleraient son bazar – la sienne, pas celle de Maman.

En conséquence, il ne restait aucun coin dans toute la maison où retrouver un peu de confort dans des conditions propres, ce qui en soi est fortement démoralisant, surtout pour une personne atteinte d'une maladie dépressive.

Maman accumulait des choses, mais elle avait l'œil, surtout pour des antiquités. Elle adorait regarder des émissions comme *The Antiques Roadshow*, où le public pouvait faire expertiser toutes sortes d'objets, et elle avait suivi des cours du soir autour du sujet. Elle se régalait de dénicher des trésors dans des magasins caritatifs ou des vide-greniers, de les ramener chez elle pour les nettoyer et révéler leur vrai beauté – et leur valeur – cachée sous des années de crasse.

Une de ses meilleures trouvailles, dont elle était particulièrement fière, était un beau vase soliflore en argent d'époque géorgienne (du dix-huitième), qu'elle avait trouvé sur un vide-grenier après le passage des brocanteurs professionnels qui auraient « cueilli les cerises » des meilleurs objets. Il était noirci de saletés, elle avait donc marchandé pour l'obtenir au prix de cinq pence. Une fois qu'elle l'avait nettoyé et révélé les poinçons, sa vraie valeur devait être au moins cinquante livres (cinq cent francs).

Mon frère était simplement accumulateur et il

remplissait la maison de Maman de tout son bazar. La bipolarité se caractérise parfois par une tendance à flamber les dépenses lors d'une phase « high », ou maniaque. Comme s'acheter un bus à impériale, ce qui prenait le relais d'un ancien taxi noir londonien et d'une Rolls Royce ancienne.

À une époque j'avais une collègue de travail bipolaire. Un midi, elle sortit du bureau pour aller s'acheter une paire de chaussures qu'elle avait vue et qu'elle convoitait. Elle revint avec quatorze paires. Il fallut l'aider à deux pour monter tous ses achats jusqu'au bureau à l'étage.

Mon frère avait toujours une quantité incroyable de vêtements. Lorsque je l'aidais enfin à faire ses cartons pour quitter sa propre maison, je ne comptai pas moins de cent-cinquante chemises. Et il faut tenir en compte que la maison mitoyenne de Maman n'était pas très grande, donc, vous pouvez commencer à vous faire une idée de ce à quoi elle ressemblait avec toute sa camelote mêlée à la collection d'argenterie, de porcelaine et d'écharpes de Maman. Car elle était collectionneuse compulsive d'écharpes et devait en avoir au moins autant que mon frère avait de chemises.

Mon frère s'était installé chez Maman suite à un important incendie chez lui au Pays de Galles, le deuxième dans cette maison, de sorte qu'il avait perdu beaucoup de ses possessions – une chose qui l'avait fortement marqué et qui avait réveillé beaucoup de mauvais souvenirs.

Il restait chez nos parents quelque temps durant les

années 1970, après mon départ de la maison, le temps d'essayer de choisir dans quelle direction s'orienter ensuite. Il avait déjà fait des tentatives dans l'imprimerie et l'électronique. Puis il nous étonna tous en annonçant qu'il allait s'enrôler dans la marine, comme commissaire à la Royal Fleet Auxiliary. Et cela de la part de quelqu'un à qui il suffisait de regarder un reportage sur le ferry transmanche pour qu'il souffre de mal de mer.

Lorsqu'il partit en mer, il emballa toutes ses possessions et les rangea dans les combles chez les parents pour les sauvegarder où elles ne gêneraient pas. Le PA décida de tout jeter sans lui demander ou sans le lui dire. Je ne sais pas pourquoi. C'était une démarche assez typique de son esprit et particulièrement cruelle envers une personne sensible.

Mon frère était dévasté. Toutes ses affaires personnelles : des photos, des enregistrements sur bandes magnétiques de divers membres de la famille depuis longtemps disparus – toutes sortes de choses irremplaçables, jetées avec les ordures ménagères. Pour autant que je sache, mon frère n'a jamais jeté quoi que ce soit depuis, même pas un journal.

Si vous trouvez le courage d'ouvrir la porte de son frigo, à n'importe quel moment, je vous garantis d'y trouver du poisson « frais » qui remonte à plusieurs années, acheté, puis oublié et laissé pourrir. C'est bien triste, voire tragique, et très embêtant pour quelqu'un comme moi qui a toujours été économe et qui abhorre le gâchis en tout genre.

À la même époque, dans son état croissant de

mécontentement, il commença des cours d'italien et de chant d'opéra, et il parlait sérieusement d'aller vivre en Italie.

J'avais réussi enfin à le convaincre que son idée farfelue de jamais pouvoir faire assez de travaux dans la maison de Maman, pour qu'elle soit aux normes pour être louée, n'allait pas aboutir et qu'il valait mieux la mettre en vente. Cette démarche nous donnerait un souci de moins et libérerait une partie du capital de Maman pour couvrir le coût de ses soins qui s'emballait.

Ainsi, tout en trouvant le temps d'aller voir Maman le plus souvent possible, je devais aussi aller à la maison pour entamer la tâche non négligeable de la débarrasser des années d'encombrements, aussi bien de mon frère que de Maman, mettre en garde-meuble ses meubles antiques les plus précieux et préparer la maison dans l'ensemble pour la rendre vendable.

Meic traînait encore doucement ; il prenait toujours son traitement pour sa maladie de cœur, il défiait toujours le pronostic du vétérinaire et il satisfaisait toujours aux critères de la Règle du Jouet qui Couine. Il avait encore la mine d'un chien qui pouvait bien déjouer la conjoncture et se faire une nouvelle vie ailleurs.

Et moi ? J'adorais mon cottage (désormais promu de *grottage*) avec son beau jardin, le tout créé par mes propres mains. Mon prédécesseur avait eu, évidemment, quelques problèmes car, lorsque je commençai à bêcher dans l'amas d'orties et de *lonicera nitida* galopant qui constituaient tout ce qu'il y avait comme jardin, je trouvais constamment des collants enfoncés dans des paquets de chips Lay's.

Je ne suis pas sûre de la saveur. Les paquets bleus. Je n'aime que les « nature » en paquet rouge, donc je ne connais pas les couleurs des autres saveurs. Quoique la résidente précédente cherche à accomplir, je peux vous dire que, peu importe la terre dans laquelle on plante cette association, elle ne pousse jamais.

J'adorais mon travail de rédactrice, mais j'avais des crises de confiance à propos de l'idée d'en faire mon boulot à plein temps. J'étais toujours consciente de mon âge face aux jeunes dans le milieu, et du désavantage de ne pas lire tous les magazines de mode pour rester dans le coup des tendances.

J'avais jeté l'éponge du job de *chugger* (agresseur caritatif). J'avais bossé par moments – je me suis occupée toute seule d'une vingtaine de chevaux au sommet d'une montagne galloise au milieu de nulle part, par des conditions météorologiques assez extrêmes, y compris moins vingt-cinq sous l'effet du vent. Mais pour vous user net et simple, je dois donner l'honneur au *chugging*, comme le boulot le plus pénible que j'ai jamais fait.

Beaucoup de *chuggers* sont rémunérés – fait qui échappe souvent au public. La structure est variable selon l'organisme mais, dans mon cas, j'étais payée par personne abonnée au fonds caritatif pour la nature qui m'employait. C'est-à-dire, pas de nouvelles recrues, pas de paiement pour cette journée de travail.

Le Lincolnshire s'avère nettement plus grand que

la plupart des gens ne réalisent, avec très peu d'autoroutes. Ainsi, nos *chuggers* pouvaient faire jusqu'à deux heures et demie de route dans chaque sens pour atteindre une destination comme une grande surface, centre commercial ou jardinerie.

Les périodes de travail devaient durer six heures mais, vu qu'à cette époque on n'était que deux – ni l'une ni l'autre « perdreau de l'année » – on trouvait que six heures debout, souvent à l'extérieur sur le parking selon le lieu, et par tous les temps, étaient vraiment de trop. On optait donc pour des périodes de cinq heures.

Sur certains lieux, on n'avait pas le droit de parler au public qui passait ; on devait simplement rester debout avec un gros sourire bête, dans l'espoir vain que par pitié des gens s'arrêteraient pour nous parler. Ce qu'ils ne faisaient presque jamais. Le plus qu'on avait la permission de faire était de sourire et de dire « Est-ce que le Fonds pour la Nature pourrait vous intéresser ? »

On pouvait poser cette question deux cents fois au cours d'une période et si on réussissait à inscrire quatre personnes, c'était une bonne journée. Les mauvais jours, c'était possible de faire – et on le faisait parfois – cinq heures de route, cinq heures debout et de rentrer sachant qu'on n'avait rien gagné, pas un sou, pour nos efforts. On n'était pas remboursés pour les frais de kilométrage non plus, ainsi une telle journée de travail nous coûtait en effet de l'argent.

Je l'avais fait pendant deux ans et, en plus, avec

mon collègue on avait repris la responsabilité de trouver et de réserver les lieux mais, au bout de ce temps, j'en avais eu ma claque.

À un moment donné, je « *threw the teddy out of the pram* »* aussi à l'institution d'éducation supérieure, où j'avais été formatrice et où j'avais enseigné l'équitation et la gestion d'écuries (*en anglais, « jeter le nounours hors du landau » veut dire montrer de façon enfantine ou explosive qu'on ne supporte plus une situation). Enseigner devenait de plus en plus dur, avec les dés lestés de plus en plus en faveur des étudiants, et les professeurs privés de véritable autorité.

Que les étudiants échouent n'était plus possible. Au lieu de cela, ils devaient être « renvoyés » pour redoubler jusqu'à atteindre le niveau exigé. Ainsi, le jeu devint que je rédigeais presque leurs exercices pour eux, puis leur donnais une note acceptable, voire une mention bien, qu'ils n'avaient pas vraiment méritée.

En plus, il y avait sans cesse des plaintes contre les professeurs de la part des étudiants, dont les résultats penchaient dans le mauvais sens et le pendule allait trop loin. Une bonne amie et collègue se trouvait face à une plainte déposée contre elle pour un crime odieux : Elle avait osé suggérer que ses étudiants remettent leurs devoirs. À la date prévue. Insensé, non ?!

On me dit que je n'avais pas le droit de dire à mes étudiants équestres d'enlever leurs piercings avant de monter, malgré le fait que j'étais responsable de leur sécurité, ainsi que sauveteur-secouriste en cas d'accident.

Il y avait un garçon, parmi les filles de mon groupe, qui se régalait de nous détailler tous ses piercings intimes et de me rappeler que je ne pouvais pas insister pour qu'il les enlève. Le gamin n'était pas menu, il n'y avait que deux chevaux capables de le porter et seulement un qui convenait à son niveau de compétence. C'était étonnant que ce cheval soit si souvent boiteux lorsque je préparais la liste de montures, et qu'il se trouve sans cheval. Jusqu'au jour où il y eut un petit déclic et il enleva ses piercings, après quoi, le cheval connut un rétablissement étonnant.

Il y avait aussi l'attitude de la gestion envers les professeurs à temps partiel. Après avoir dirigé le cours équestre avec succès pendant un an, avec de bons résultats pour mes élèves, on attendait que je passe du temps non-rémunéré l'été à recruter des étudiants pour un cours l'année suivante, et ensuite que je postule pour le poste que j'occupais déjà, sans aucune garantie de l'obtenir.

Qui plus est, j'aurais eu un emploi du temps qui m'aurait obligée d'aller parfois à l'institut pour une seule heure par jour, bien que j'aie expliqué que la rémunération horaire couvrait à peine mon carburant pour l'aller-retour, et après avoir demandé au moins deux heures consécutives pour que le jeu en vaille la chandelle.

La vie est trop courte. Faut passer à autre chose.

Ainsi, le destin/karma/être suprême (biffer/ajouter

le cas échéant, selon vos croyances personnelles) nous donnait tous, évidemment, un petit coup de pouce dans une nouvelle direction.

Chapitre 16

Une bonne poignée

Lorsque mon frère commença à parler d'aller vivre en Italie, je lui suggérai de jeter un coup d'œil d'abord sur les prix immobiliers très favorables en Auvergne. Je le dirigeai vers un site web que j'avais parcouru où s'affichait, entre autres, une auberge à vendre.

Il avait toujours été bon – quoique catastrophiquement bordélique – cuisinier, habitué à la restauration à grande échelle, ayant été formé pour nourrir l'équipage d'un navire. Donc, je pensais que, s'il pouvait peut-être réchauffer sa passion pour la cuisine, il pourrait reprendre pied et mettre de l'ordre dans sa vie.

Il était vraiment enthousiaste à l'idée d'une auberge et du coup il commença à dresser des plans pour aller la voir. Je devais être particulièrement faible ce jour-là, car je m'entendis dire : « Si tu le reprends, je viendrai gérer le côté chambre d'hôtes pour toi. »

Il faut dire que mon frère et moi n'avons jamais été très proches. En fait, dire cela, c'est dire qu'Imelda Marcos n'avait que quelques paires de chaussures. Il est préférable, d'habitude, qu'on ne respire pas le même air, mais je n'aime pas voir qui que ce soit dans un tel tourment.

Vu que c'est souvent moi qui suis obligée de suivre dans son sillage pour remettre de l'ordre lors de sa dernière catastrophe, je me rendis compte que l'avoir suffisamment près pour pouvoir garder un œil sur lui pourrait s'avérer judicieux, dans l'espoir que cela l'aiderait.

Et Maman, alors ? À cette époque il n'y avait pas de vols bon marché (« *Cheap flights, cheap flights* » – Fascinating Aïda) de Clermont Ferrand vers un endroit pratique pour nous, et ni l'un ni l'autre ne prenions l'avion par choix, donc faire un petit saut pour le week-end serait hors de question.

Déclic : et si on trouve une propriété suffisamment grande qui conviendrait pour nous tous, Maman, Frère, Meic et moi ?

Ainsi, en janvier 2006, je me trouvais avec mon frère à bord de l'Eurostar pour aller voir des biens immobiliers en Auvergne.

Mon frère adore voyager en train aussi bien que descendre dans des hôtels. Ainsi, même si on ne trouvait pas un bien convenable, il aurait eu une petite coupure agréable avec un peu de compagnie. Évidemment, il avait l'intention d'en profiter, car il buvait déjà sa première bière de la journée à Londres, à neuf heures du matin.

Ensuite, il partit pour un moment style *Brève Rencontre* avec une des nombreuses femmes qu'il fréquentait grâce à des sites internet. Il avait eu une aventure récemment avec une superbe jeune Russe. J'avais pensé à plusieurs reprises à une série télévisée britannique, au cours de laquelle un homme épousa une Russe… Mais celle-ci ne semblait pas chercher désespérément à obtenir un passeport britannique, car la liaison avait fait long feu.

Notre voyage jusqu'à Clermont-Ferrand fut plaisant et tranquille. On prit un taxi jusqu'à l'hôtel, prêts à chercher la voiture de location le lendemain et à s'atteler à la sérieuse tâche de la chasse immobilière.

Les agents immobiliers autochtones de cette région défendent plus farouchement leurs biens que leurs homologues britanniques. Ils ne vous permettent pas d'aller les voir sans qu'ils vous accompagnent. Vous ne trouverez ni les adresses des biens, ni des indications d'où ils se trouvent sur leurs fiches, qui ont tendance à être bien plus vagues que de l'autre côté de la Manche.

Mon frère et moi, comme beaucoup de nos compatriotes, préférons aller au moins jeter un coup d'œil à l'extérieur pour voir s'il vaut la peine de prendre rendez-vous pour voir l'intérieur. Parfois l'emplacement seul suffit pour nous refroidir.

L'auberge du Piarrou était facile à trouver. Pas loin de Thiers et bien indiquée – donc, elle avait dû être, en son temps, d'un certain standing. De toute évidence, elle avait connu des temps difficiles dernièrement, car elle paraissait délabrée et fermée depuis longtemps. Mais elle était bien située, les panneaux indicateurs étaient toujours en place et elle semblait être une possibilité, donc on la cocha mentalement pour une visite intérieure et on alla à Thiers pour déjeuner et pour fixer un rendez-vous avec l'agence.

On allait apprendre une leçon importante concernant l'achat d'un bien immobilier en France : ce que vous voyez n'est pas forcement ce que vous obtenez. Ce que la fiche en ligne et les photos ne mentionnaient pas clairement était que la vente ne comprenait pas l'ensemble de l'édifice.

D'accord. Mais, d'une façon bizarre et auvergnate, le bâtiment se divisait en deux ni du haut en bas, ni d'un côté à l'autre, mais en zigzag comme les joints d'un mur en brique. Ainsi, une pièce qui débordait dans l'auberge appartenait au voisin et vice versa. En plus, la belle cuisine professionnelle qui avait tant épatée mon frère avait été enlevée et vendue séparément, sans une baisse de prix perceptible.

Donc, c'est un « non ».

De Thiers, on se dirigea plus loin vers le sud du Livradois-Forez et la petite ville d'Arlanc, où on avait rendez-vous avec la même agente pour voir une maison de maître. La bâtisse était imposante, c'est certain, située sur un grand axe plutôt calme, avec un jardin clos de murs et une chose dont, visiblement, aucun gentilhomme français ne se priverait : une tour « princesse ».

L'agente nous expliqua que le négociant qui avait fait construire la maison avait une fille terriblement gâtée, qui obtenait toujours exactement ce qu'elle voulait. Et elle voulait une tour de princesse. En rose. Donc, il en avait fait construire une sur le côté de la maison, environ quatre étages en hauteur, avec une plate-forme précaire au sommet et aucune utilité.

Pour un acrophobe, mon frère se montra bien courageux et il réussit à sortir sur la plate-forme. Mes jambes en caoutchouc m'emmenèrent jusqu'en haut de l'escalier, mais pas plus loin.

Le rez-de-chaussée était loué comme cabinet de médecin – pratique pour les visites à domicile pour Maman – et il y avait plusieurs pièces pour faire chambre d'hôtes, car on pensait toujours aux possibilités d'une activité secondaire pour faire une rentrée d'argent. Mais la ville était incroyablement calme et, après avoir vérifié les activités touristiques de la région, comme le train panoramique, la fenêtre pour attirer des touristes et en sortir de l'argent était précairement courte.

Thanks, mais *no, thanks*.

Néanmoins, l'agente n'en avait pas encore terminé avec nous et, c'est certain, elle avait de la vision. On lui avait dit qu'on accepterait un bien qui aurait besoin de quelques travaux, à condition d'avoir entre-temps un lieu sécurisé et convenable pour Maman.

Sa proposition suivante était une ancienne papeterie à Courpière. Bon. Euh… quelque chose a été perdu dans la traduction, paraît-il. Pour un quai de chargement, il n'était pas mal, dans son genre, mais peut-être pas exactement ce qu'on cherchait pour héberger une mère âgée qui frôlait déjà les quatre-vingt-dix ans.

Au suivant…

Du ridicule au sublime peut bien décrire sa proposition suivante. Une maison sur trois étages située dans un hameau calme, avec une superbe véranda à l'étage, d'étonnantes poutres et sculptures en chêne partout, toutes récentes, et au rez-de-chaussée – ou plutôt au rez inférieur, car elle était construite à flanc de colline – un appartement indépendant, équipé de son propre hammam.

Je vis que mon frère était fortement tenté. Elle avait le potentiel de répondre à toutes nos exigences. Peu de travaux seraient nécessaires et l'appartement aurait convenu pour Maman, avec sa propre salle de bain sur le même niveau.

En même temps, je me rendis compte que cette maison était à la limite supérieure du budget qu'il s'était imposé et il devait encore mettre son propre bien sur le marché, sans parler de le vendre. Je le traînai de force avant qu'il ne fasse quoi que ce soit d'irréfléchi sans l'avoir discuté.

Le lendemain, on s'aventura plus loin vers le nord, dans l'Allier, pour essayer une autre agence et couvrir toutes les bases. On regarda d'abord un bar-restaurant au bord de la route qui était toujours ouvert et semblait bien tourner.

Mon frère était enthousiaste. La route était bien fréquentée pour fournir des clients de passage. Pour moi, c'était un cauchemar : toute cette circulation, pas assez de calme et de paix, et je ne voyais pas Maman aimer être promenée le long d'une route achalandée avec tous les gaz d'échappement. En plus, puisqu'elle était sourde et qu'elle portait un appareil, le bruit des véhicules aurait été pénible pour elle chaque fois qu'on sortait – et elle aimait tant ses petites sorties.

Au suivant...

Plus loin à l'ouest, vers un des Plus Beaux Villages de France : Charroux. Pourtant, pour moi, il ne se comparait pas à ceux que j'avais vus dans le Cantal. Un lieu étrange, sur un petit plateau bas, d'où les vues n'avaient rien de spécial. Bien que le bourg soit charmant et plein de caractère avec ses petites rues tortueuses, l'ambiance était plutôt oppressante.

La maison était immense et pêle-mêle avec beaucoup de potentiel, encore une fois, mais elle avait besoin aussi de beaucoup plus de travaux que l'agent nous avait fait comprendre.

Un autre mord la poussière.

Entre parenthèses, j'ai remarqué que les Brits n'ont pas toujours la notion de la vraie taille de la France et sous-estiment les distances et le temps qu'il faut pour aller de A à B, souvent sur des routes lentes et sinueuses. Je conseille à tous ceux qui se laissent conduire par un agent immobilier français de se munir de nerfs d'acier, de Valium en abondance et, de préférence, de culottes de rechange, vu la conduite à la campagne. Les étrangers peuvent facilement oublier de quel côté de la chaussée il faut conduire, mais en Auvergne, apparemment, c'est officiellement en plein centre, car c'est ce que fait tout le monde. En fait, on peut facilement repérer à un kilomètre les rares Brits au volant ici : ils seront bien à droite – les poules mouillées !

En Auvergne, il existe des règles particulières pour les ronds-points et les clignotants : soit on ne clignote pas – tout le monde doit savoir où on va, soit on ment

– ce qui tient les autres chauffeurs sur un pied d'alerte.

Notre séjour tenait à sa fin et je sais que mon frère brûlait d'envie d'accomplir quelque chose et de pouvoir rentrer et dire à Maman qu'il avait acheté une maison où elle pourrait vivre avec nous et être soignée.

Il était très pris par la maison au hammam. J'aimais bien cette maison, elle cochait toutes les cases pour nous, Maman l'adorerait, surtout la terrasse couverte, si on ajoutait un monte-escalier pour lui permettre d'y accéder, et elle était prête à emménager.

Ma préoccupation majeure était qu'il risquait de dépasser ses moyens. Il était retraité depuis quelques années pour raisons de santé et sa retraite était convenable, sans être excessive. Récemment, son immense ruine au Pays de Galles avait été évaluée par un agent immobilier de la région à plus de deux fois ce que j'attendais et que je croyais qu'elle valait ou pouvait atteindre, mais moi, je ne suis pas agent immobilier.

On en discuta à table en dînant et on se mit d'accord pour y retourner le lendemain pour jeter un autre coup d'œil et considérer les options. Il neigeait et tout paraissait vraiment joli. Je quittai l'objectif des yeux juste une nanoseconde pour regarder le jardin et je retournai pour trouver mon frère et l'agent en train de se serrer la main sur une offre qu'il avait faite et qui avait été acceptée.

Donc, on rentra au RU pour mettre tout en œuvre, ce qui impliquerait de vendre la maison de mon frère, compléter la vente de la maison de Maman, louer ma maison et trouver une façon adaptée pour transporter une personne âgée, atteinte de divers ennuis de santé, deux mille kilomètres pour commencer une nouvelle vie dans un nouveau pays.

Chapitre 17
La recherche se poursuit

Mon frère est persuadé qu'il y a comme une malédiction qui hante notre famille, qui fait que tout est gâté par les teignes très rapidement.

Bien qu'il soit vrai qu'il lui est arrivé plus d'une fois d'avoir arraché la défaite de la gueule de la victoire, je ne pense pas qu'on soit plus maudits que n'importe quelle autre famille. On n'a pas subi beaucoup de vraies tragédies. Des choses malheureuses se passent, mais c'est la vie. Comme on dit en anglais : *shit happens – get over it* (les emmerdes arrivent – remets-toi).

Mais je suppose que ce n'était pas tout à fait inattendu que, peu après notre retour triomphal de France, munis de photos de notre nouvelle maison à montrer à tout un chacun, les roues commençaient à tomber du char.

Dès qu'on commença à échanger la paperasse, on remarqua que le vendeur n'avait pas inclus tout le jardin qu'on avait vu comme à vendre. Il voulait retenir une parcelle tout près de la maison pour en construire une autre. Ce qui jetait un nouvel éclairage sur l'affaire, car une partie de l'intérêt était que la maison était individuelle et entourée d'un grand espace sur tous les côtés.

Le jardin qu'on nous avait montré était d'une taille pour permettre à Meic d'y faire son tour et pour qu'on emmène Maman en fauteuil roulant dans un coin différent chaque jour et qu'elle ait ainsi l'impression de plusieurs aventures et pique-niques variés. Ce qui voulait dire, en plus, que le lieu serait tranquille, sans bruit de voisinage et sans besoin de se soucier du volume extrême du téléviseur nécessaire pour que Maman l'entende.

Donc, mon frère leva simplement le pied et laissa couler l'affaire. Ce qui était fort dommage, car on aimait beaucoup tous les deux le balcon couvert et l'idée d'avoir un hammam en sous-sol.

Mais notre petit saut en France lui avait mis l'eau à la bouche pour l'idée globale. Ainsi, il proposa un autre voyage de recherche, qui fut dûment réservé pour mai 2006.

Une fois de plus on se retrouva à bord de l'Eurostar, ayant réussi cette fois-ci à obtenir un surclassement de dernière minute avec, en conséquence, tous les repas et boissons gratuits. Il va sans dire que mon frère ne voulait pas laisser de l'alcool gratuit se perdre.

On avait sélectionné soi-même cette fois-ci quelques biens sur l'internet et on avait pris rendez-vous avec une agente immobilière anglaise au sud de Clermont-Ferrand. On n'avait pas cherché exprès un agent anglais ; c'est simplement que cette femme avait le mandat pour certains des biens qui nous intéressaient. On parle français suffisamment bien tous les deux pour se débrouiller dans la plupart des situations, même si – comme font tous les non-natifs dans une langue – on sort de temps en temps une vraie perle pour se ridiculiser.

Mon frère avait travaillé un bon moment à Bruxelles, où il parlait aussi bien le français que le flamand. Dans ce poste, il devait rédiger beaucoup de documents en français, donc, en termes de construction à l'écrit son français est bon. Parfois son accent le trahit, mais il culpabilise sa tendance à parler le français avec un accent belge.

Quand je parle français, on me demande souvent d'où je viens, car la plupart des gens remarquent tout de suite que je ne suis pas française, mais ne devinent pas mes racines anglaises. On me demande souvent si je suis hollandaise, bien que la moyenne hollandaise soit quinze centimètres supérieurs à ma taille, donc, je ne peux que supposer que mon accent et mes constructions de phrases ont été influencés par le fait d'avoir parlé français avec ma famille luxembourgeoise.

Je suis la première à lever les mains et avouer que je parle le français comme une vache espagnole – mais pourquoi une vache espagnole parlerait le français d'une façon ou d'une autre, encore moins avec un accent comme le mien, m'échappe.

Mon frère a du mal à accepter que son accent puisse être responsable de malentendus. Si on ne le comprend pas, il tient simplement pour acquis que son interlocuteur est un imbécile.

Il y eut une occasion inoubliable où on dînait dans un hôtel à Clermont-Ferrand et il voulait épater le serveur en lui disant qu'il parlait russe. Les Anglo-Saxons trouvent le « u » français difficile à prononcer, car il n'existe pas vraiment d'équivalent en anglais. Ainsi, mon frère disait qu'il parlait « rousse ». On peut comprendre que le serveur soit perplexe.

L'agente avec qui on avait rendez-vous était basée plus au sud de Clermont-Ferrand. Elle avait recommandé un hôtel à Issoire qui semblait proposer un bon rapport qualité-prix, mais mon frère était déçu qu'il n'y ait ni bar, ni restaurant. On nous assura qu'il y avait une bonne auberge à quelques pas, donc il fut d'accord qu'on réserve.

Lorsqu'on arriva par train à Issoire, on ne savait pas la distance entre la gare et l'hôtel et on ne vit aucun signe de taxi. Je demandai la direction à une femme qui venait chercher un passager, et on découvrit à quel point les Auvergnats peuvent se montrer gentils. Bien que ce ne soit pas sur son trajet et que sa voiture soit déjà bien chargée, elle trouva une façon de nous installer au chausse-pied avec nos bagages dans sa petite voiture et elle nous conduisit jusqu'à la porte d'un hôtel propre et moderne.

Le lendemain matin on prit une voiture de location et on alla à l'encontre de l'agente. Forts de l'expérience du voyage précédent, on était très clairs quant à nos besoins cette fois-ci, assurés qu'avec une agente anglaise il n'y aurait aucun risque que quoi que ce soit ne se perde dans la traduction.

On précisa une maison suffisamment grande pour qu'on y cohabite tous les trois, sans vivre les uns sur les autres ; un jardin de bonne taille, car Maman adorait les fleurs et les oiseaux, et aimait s'asseoir dehors ; pas trop isolée, avec une gare de chemin de fer ou un arrêt de bus à distance de marche pour mon frère.

On souligna qu'elle devait être suffisamment bien aménagée pour pouvoir s'y installer tout de suite avec une vieille dame fragile. Qu'elle ait besoin de quelques travaux ne gênait pas, tant qu'une partie était sécurisée, propre et agréable pour Maman.

L'agente semblait avoir retenu la plupart de nos exigences, car la première maison était bien agréable, « cochait la plupart des cases » pour nous et semblait nous offrir de vraies possibilités. Le prix était très raisonnable, nettement moins que la maison au hammam. On la mit sur la liste courte, même si elle n'avait rien de vraiment saisissant.

On ne pouvait pas critiquer son deuxième choix non plus. La maison avait un superbe jardin arboré que Maman aurait adoré, et elle était en assez bon état et convenablement décorée. Mais pour une raison ou une autre, on ne s'emballa pas. On la trouva tous les deux plutôt quelconque.

La troisième maison était superbe, aux vues imprenables. Sauf qu'elle était loin de tout et le chemin qui y montait aurait demandé un équipage de huskies en hiver, plutôt qu'un border collie âgé, et la distance à pied de la gare aurait fait réfléchir un commando.

La maison numéro quatre était simplement négligée. Une grande maison ancienne, en plein centre d'un bourg, mais très délabrée. Elle avait l'air d'avoir besoin d'un nettoyage de fond, ou un « *good bottoming* », comme aurait dit Maman. La décoration intérieure était très hippy chic. Il faut dire que des blocs unis de peinture en turquoise, orange et violet ne sont pas au goût de tout le monde, et ils auraient probablement provoqué une migraine chez Maman.

Le lendemain on devait mettre notre recherche en veilleuse, car on avait oublié l'importance de l'Ascension en France et le fait que les agences immobilières seraient probablement fermées. À la place, on alla à pied en centre-ville d'Issoire et on regarda bouche bée les ouvriers municipaux venir avec leurs grosses machines donner un shampooing à la place et aux rues environnantes, puis les rincer au jet haute pression.

On avait prévu pour le lendemain un saut plus au sud, à Aurillac, près d'un lieu que mon frère avait visité avec sa copine russe et sa sœur – qui, apparemment, la chaperonnait toujours lors de leurs rencontres. Mais un appel à une heure du matin de la chambre de mon frère y mit fin : il était malade.

J'appelai la réception, d'où on appela le médecin de garde, qui appela une ambulance, qui nous emmena tous les deux à l'hôpital d'Issoire. C'était ma première expérience directe du système de santé français et j'étais très impressionnée.

Sans trop revenir sur les détails, par respect des

plus délicats d'entre vous, mon frère souffrait d'une crise de tuyauterie. On l'avait ausculté, diagnostiqué, traité, lui avait administré des médicaments, fixé un rendez-vous aux soins ambulatoires et l'avait libéré – le tout en moins de deux heures et par un médecin qui parlait couramment l'anglais, si on avait eu besoin de ce service supplémentaire. Après une telle longue nuit, on ne se sentait pas d'attaque ni l'un ni l'autre pour un long trajet en voiture ce jour-là.

On se rendit plutôt en ville où on trouva un autre agent immobilier – un français qu'on n'avait pas encore vu. Nous lui expliquâmes soigneusement nos exigences et il nous emmena ensuite voir une maison à proximité avec un jardin charmant.

Plutôt bon début, sauf qu'on aurait eu besoin d'un palan pour monter et descendre le fauteuil roulant de Maman sur la pente, et le seul accès était par le garage et quelques marches raides.

Parfaite – pas du tout.

Ensuite l'agent nous posa une question assez bizarre : est-ce qu'on aimait l'eau ? Avec une certaine prudence on répondit que oui, dans le bon contexte. Il nous dit qu'il nous emmènerait voir une maison avec un atout aquatique intrigant, ainsi on le suivit en voiture dans une petite ville voisine, où il nous montra un bien étonnant entouré d'un grand parc assez formel. L'atout aquatique s'avéra être une sorte de bief qui coulait au milieu du parc.

Il expliqua qu'il n'avait pas accès à la maison tout de suite mais, si on aimait ce qu'on avait vu, il pourrait l'arranger. On l'aimait. Elle se situait en plein centre d'une petite ville, très semblable à celle où habitait mon frère au Pays de Galles, mais la grande superficie du parc donnait l'impression qu'elle était un peu éloignée de la circulation et de son bruit.

Il y avait tout à proximité : un bar en face pour mon frère, une boulangerie à quelques pas et, pas loin au-delà d'un pont sur la rivière, des prés où Meic et moi pourrions nous promener. Très positif.

Mon frère s'inquiétait du manque de lumière. Il est sujet à la dépression et, surtout, au trouble affectif saisonnier (TAS), donc il craignit l'aspect plutôt sombre de l'intérieur, de ce qu'on pouvait en voir.

Notre agent intrépide dit qu'il avait encore plus à nous proposer et qu'il nous précéderait pour aller à la prochaine visite. Il partit, enfonçant le champignon et brûlant de la gomme comme un escroc dans un épisode de *Starsky et Hutch*, et il disparut vers l'autoroute, sans aucune utilisation de ces petits trucs oranges qui clignotent qu'ont les voitures – autre invention moderne à laquelle les Auvergnats ont tendance à ne pas vouloir se mêler.

Pendant que je conduisais le plus vite et furieusement possible dans le sillage de l'agent, mon frère tenta de l'appeler sur son portable pour au moins avoir un indice de la direction qu'il avait prise. Directement sur la messagerie. Donc, on renonça et se rendit au village pittoresque d'Usson tout près – un des Plus Beaux Villages – où on monta une colline très raide pour trouver l'inévitable statue de la Vierge et profiter des vues magnifiques.

Le lendemain, on prit l'initiative de retourner seuls

jeter un autre coup d'œil à la maison au bief et, par hasard, on rencontra la propriétaire qui sortait par la porte du jardin de derrière. Elle était enchantée et dit qu'elle avait toujours rêvé de passer son beau jardin à des Anglais, car beaucoup de Français sont persuadés que tous les Anglais sont d'excellents jardiniers !

Elle s'excusa de ne pas pouvoir nous faire visiter la maison tout de suite, mais on prit rendez-vous pour le lendemain et on partit explorer un peu plus loin, sans être contraints par des agents immobiliers.

On réussit à extraire d'un agent le nom du village où se trouvait un de nos choix du web. Nos recherches en ligne montraient que le village n'avait qu'environ trois cent cinquante habitants. Ainsi, munis de la fiche imprimée avec une photo de la maison, on s'y rendit et la montra à la première personne qu'on croisa, qui put nous indiquer le chemin vers la cime du village, où on trouva la maison.

Aussi bien sur papier qu'en chair et en os, pour ainsi dire, celle-ci avait l'air très prometteur. Selon les détails de la fiche internet, elle avait sept chambres et trois salles d'eau ; elle était sur trois étages et le jardin était de bonne dimension. On la surnomma « *the pink house* », la maison rose, car la photo montrait le crépi d'un rose pâle, quoiqu'en vérité il était bien plus clair et plus délavé.

Elle était construite sur une pente, ainsi le garage et les caves étaient sous la partie principale de la maison, et elle avait un petit appartement avec une chambre au rez-de-chaussée. Elle nous plaisait bien. On découvrit une petite ville convenable à trois kilomètres seulement, sur une ligne de bus, avec une autre ville plus importante à neuf kilomètres qui avait une gare ferroviaire de grande ligne et toutes commodités.

Cocher, cocher et cocher encore.

Les choses s'annonçaient favorables.

Chapitre 18

La deuxième, c'est la bonne ?

Le lendemain, on retourna à la maison au bief pour notre rendez-vous avec sa propriétaire, et l'agent immobilier y était ! Ce qui montre à quel point les agents français tiennent à gagner leur commission, car on était dimanche. On peut les comprendre.

On découvrit que la maison était mitoyenne – pas rare en Angleterre, mais on ne voit plus de ces vieilles maison construites « en dos-à-dos », comme on en trouve encore en France. Le plus – les frais de chauffage réduits. Le moins – nettement moins de lumière du jour. Toutefois, le jardin était vraiment charmant et le grand bonus était qu'il soit déjà clos et donc totalement « *dog-proof* » : un chien ne pourrait pas fuir. Elle restait bien placée sur la liste des possibles.

Ensuite, on fit une sortie vers l'ouest, jusqu'aux Monts Dore, puis on revint par le Puy-de-Dôme. Il se trouva que la navette circulait. Donc, on la prit pour la montée – ce qui nous mit l'estomac à l'envers – au sommet et ses vues panoramiques incroyables.

La montée bouleversa mon frère, donc il décida qu'il ne pouvait point affronter la descente en navette. Il existe un sentier piéton, une vieille piste de muletier, mais il débouche vers un parking en bas assez loin d'où on avait laissé la voiture de location, vers le parking de la navette.

La descente directe vers le parking de la navette est interdite aux piétons. La route est bien trop étroite pour plus d'un véhicule à la fois, donc les chauffeurs de navette utilisent des talkiewalkies pour synchroniser leurs départs de chaque bout. Ainsi, ils ne se croisent qu'aux aires de dépassement désignées. Malgré la forte pente et le vide vertigineux d'un côté, ils déboulent gaiement comme s'ils participaient au Rallye de Monte-Carlo. Quiconque se trouverait sur le chemin à pied serait rapidement transformé en galette.

Entreprendre un raccourci aurait demandé une descente très raide et glissante et, comme il faisait bon, je n'avais mis que mes vieux nu-pieds fatigués aux semelles usagées, sans assez de prise.

En plus, bien qu'il fasse beau et ensoleillé, on était à 1 465 mètres et je méprise les gens qui font des randonnées en montagne sans provisions. On n'avait même pas une bouteille d'eau. Mon sac à dos habituel comprend, au minimum : de la nourriture, de l'eau, une couverture de survie, un sac de couchage léger et une pompe pour aspirer le venin de serpent. Donc, je m'entêtai et insistai : c'était la navette ou rien.

Le trajet pour monter ne m'avait pas emballée, non plus. Je suis une passagère nerveuse. Je ne fais pas facilement confiance à un autre conducteur. Cela va de même pour voler. Je préférerais pouvoir m'entretenir avec le pilote au préalable pour m'assurer que sa situation conjugale soit heureuse, qu'il ait une maîtresse bienveillante, qu'il soit content du progrès de ses enfants dans une école privée abordable, et qu'il ne soit pas soumis à un stress indu quelconque. Confier ma vie à un chauffeur français est délicat dans les meilleures circonstances – sur cette pente, c'était vraiment difficile.

Pendant la plupart du trajet, je gardai les yeux fermés, donc, j'étais contente d'avoir vu le panorama du sommet, car je n'en vis rien du tout lors de la descente.

Sur le chemin de retour vers l'hôtel, munis de plusieurs pages imprimées à partir des sites internet immobiliers, on alla jeter un coup d'œil pour voir s'il n'y avait pas d'autres biens convenables.

La plupart de ceux qu'on réussit à trouver étaient trop isolés pour être pratiques, ou l'accès ne convenait pas pour Maman dans un fauteuil roulant. Une fois, la « maison » semblait consister en un tas de vieilles pierres dans le coin d'un pré. Améliorations possibles. L'enjeu serait donc important lors du rendez-vous du lendemain avec l'agent pour voir la maison rose.

On conseille aux acheteurs potentiels d'essayer de regarder au-delà de la décoration actuelle pour imaginer à quoi ressemblera la maison une fois qu'ils y auront apporté leur propre cachet. Bon conseil. La décoration de la maison rose était vraiment affreuse. Très années 1970. Le salon était tapissé de deux papiers peints aux motifs criards et mal assortis. Ni l'un ni l'autre n'aurait été plaisant seuls, mais ensemble ils présentaient une attaque frontale aux sens.

Cependant, la disposition était presque parfaite pour ce qu'on cherchait. À l'étage supérieur, il y avait un appartement lumineux de trois chambres, avec salle d'eau et toilettes, et la place pour créer un petit coin repas et cuisine. Idéal pour louer comme chambres *bed and breakfast* ou en appartement indépendant. Il avait de jolies vues ver le sud et la possibilité de faire une terrasse ensoleillée sur le toit saillant de la pièce d'en-dessous.

L'étage intermédiaire avait trois chambres de bonne taille, une salle de bain et des toilettes indépendantes, une cuisine convenable et un séjour spacieux en L. À l'étage inférieur, comme l'étage intermédiaire était effectivement au rez-de-chaussée sur deux côtés à cause de la pente, il y avait un petit appartement avec cuisine, chambre et salle d'eau. Parfait pour mon frère. Bien qu'il soit propriétaire de la maison – et il pourrait donc choisir la meilleure des chambres pour lui-même – il est tellement bordélique qu'il admit qu'il serait mieux d'essayer de se confiner à une superficie réduite pour éviter qu'il sème le chaos partout dans la maison. En plus, il y avait un garage pour deux voitures et deux caves.

Le jardin se trouvait effectivement sur trois niveaux. Le séjour s'ouvrait sur une terrasse orientée plein sud – bien au-dessus de la route, donc, sans vis-à-vis – avec une pelouse triangulaire sur le côté qui s'effilait en pointe vers le bout du jardin.

Devant l'appartement du bas, il y avait la place pour garer au moins trois voitures de plus, un potager de taille raisonnable, quelques pommiers et poiriers en espalier, et un prunier mûr en bout du rang.

Du potager, des marches en béton descendaient vers un petit pré clos d'environ vingt mètres par quinze, avec trois pruniers mirabelle, un autre prunier mûr, et ce qui avait été, de toute évidence, un vieux poulailler. De plus, le tout coûtait moins cher que la maison au hammam – principalement parce que le pré était une option à ajouter à la vente.

Cette fois-ci, je réussis à tirer mon frère de force à l'écart pour qu'on discute davantage avant qu'il ne fasse quoi que ce soit d'imprudent, insistant sur le fait qu'on devait regarder d'autres maisons avant de prendre une décision finale.

On partit pour explorer la ville avoisinante de Riom – un nom qui nous fit rire en route. Presque toujours, c'était moi qui conduisais et mon frère qui lisait la carte, ce qui nous convenait le mieux.

On arrivait à un rond-point et mon frère indiqua une sortie et dit : « C'est par là qu'il nous faut aller, la R-10-M ». Or, je connais le système français de numérotation des routes et ce format me semblait tellement curieux que j'hésitai, loupai la sortie et fis encore le tour du rond-point pour une deuxième tentative.

C'est à ce moment-là que je vis de mes yeux le panneau. Euh… il s'agit de RIOM, alors, sur la D2144 !

Nous passâmes beaucoup de temps à parler avec

un autre agent immobilier pour établir la liste de nos exigences. C'était un jeune homme sympathique, très enthousiaste. Mais, évidemment, il n'avait pas écouté un seul mot de ce qu'on lui avait dit et il avait son propre ordre du jour.

Le premier bien qu'il nous montra, vers Manzat, avait besoin de beaucoup de travaux. Si on n'avait pas aimé la porte d'entrée, pas de problème : la lézarde dans le mur extérieur était suffisamment large pour permettre quiconque de notre trio – car personne n'était bien gros – à passer de biais.

Pour voir le deuxième bien, il nous mena en convoi sur l'autoroute A89, sur laquelle on roula. Et roula. Et roula... En fait, on croyait qu'on risquait de débarquer dans le Limousin avant d'atteindre notre destination.

Il faut dire que la A89 est bien belle comme autoroute, avec ses vues sur les volcans et le Massif du Sancy. Elle est aussi l'autoroute la plus calme qu'on n'avait jamais vue, avec un volume de trafic incroyablement faible – au moins, comparée à une route similaire britannique. Néanmoins, cela faisait beaucoup de route pour aller voir un bien.

Le bien pour lequel on avait fait tant de route était remarquable. Il était agréable de l'extérieur, avec une toiture en ardoises et, comme le *TARDIS* de *Doctor Who*, il semblait nettement plus grand à l'intérieur. Chaque porte qu'ouvrit l'agent semblait révéler encore un grenier énorme qui ne demandait qu'à être aménagé. Le prix était incroyable aussi, de loin le moins cher de tous les biens de superficie comparable qu'on avait vus lors de tous nos voyages.

Il fallait donc bien un côté négatif. Le premier signal d'alarme était l'accès en commun, partagé avec la propriété d'à côté. Très bien si on s'entend bien, un véritable cauchemar si le bon voisinage déraille. En plus, il était loin de tout, pas très pratique pour des clients de chambres d'hôtes qui auraient du mal à le trouver, et il n'y avait pas grand-chose dans les alentours pour les attirer.

Le paysage autour n'était pas extraordinaire non plus. Comme remarqua mon frère, on était loin des volcans et des pics de montagne volcaniques qui faisaient la beauté spectaculaire de la région. On se trouva dans un paysage fade, plutôt bas, parsemé de bois, qu'on aurait facilement pris pour le Cheshire rural. Quel intérêt de se déraciner pour s'installer dans un coin qui ressemblait autant à celui dans lequel on a grandi ?

Eh ben, non.

Pour rentrer à l'hôtel, on reprit la route pittoresque via le Mont Dore et on alla voir de plus près le Puy de Sancy qui, à 1 886 mètres, est le point culminant du Massif Central et, donc, le plus haut pic de la France centrale. On se trouva au-dessus de la limite des neiges à plusieurs endroits et les vues époustouflantes et spectaculaires nous convainquirent que, si on entreprenait ce changement radical, il devait être dans un lieu qui avait, au moins, une vue sur cette beauté imprenable, pour que Maman puisse la partager.

Ainsi, on se rendit le lendemain à l'agence de Clermont-Ferrand, où mon frère fit une offre sur la maison rose pour le prix affiché, qui fut acceptée. Du déjà-vu ?

Ensuite, on repartit pour le RU par l'Eurostar, munis de photos d'une nouvelle maison potentielle pour montrer à Maman et à quiconque pourrait s'y intéresser.

Comme le RU commençait à paraître différent après ces voyages en France, et – surtout – après les espaces vastes de l'Auvergne ! Londres était sale, bondé et déprimant. Nous prîmes le temps de prendre un thé bien cher au café de la gare, où on tenta de m'escroquer à propos du prix.

Nous arrivâmes en avance à la gare et au guichet on nous informa que nous pourrions prendre un train plus tôt que ce qu'on avait réservé. Tirant nos valises, nous courûmes comme des fous pour être refoulés à la barrière par un employé trop zélé et peu serviable qui n'était pas d'accord avec son collègue et qui insista que le seul train dans lequel on pourrait monter était celui qu'on avait réservé, pas celui qui était sur le point de partir, même si, visiblement, il n'était pas rempli.

En revanche, on s'est dit des choses très impolies en français, l'un à l'autre, à propos de lui et de ses ancêtres. Mais on était de retour. Une offre avait été acceptée. Cette fois, si tout marchait comme prévu, Maman pourrait bientôt se retrouver au sein de sa famille et vivre avec l'avantage d'un climat plus favorable et des vues magnifiques.

Mission accomplie. On espérait.

Chapitre 19

J'étais malade, je vous l'ai dit

Vous est-il arrivé de jouer au loup-brebis-chou ? Vous savez, cette énigme où il faut traverser la rivière avec un loup, une brebis et un chou. Vous avez une petite barque à rames, mais elle ne peut prendre qu'une autre chose à la fois avec vous. Si on laisse le loup avec la brebis, il va la manger. Si on laisse la brebis avec le chou, elle va le manger. Comment les emmener tous sur l'autre rive en toute sécurité ?

Forts de notre succès enivrant, nous ne nous étions pas rendus compte à quel point synchroniser ce déménagement – peut-être permanent – de nous trois (sans oublié Meic, le chien), de trois coins différents et assez écartés du RU vers une seule destination en France, risquait de ressembler à ce genre d'énigme.

Mais d'abord, il fallait finaliser l'achat de la maison en France et disposer de trois biens au RU.

Mon petit cottage dans le Lincolnshire serait le plus facile des trois problèmes à résoudre. Le code postal était très recherché et le hameau était tellement petit que les biens n'arrivaient que rarement sur le marché. J'y avais fait beaucoup de travaux et il était très accueillant, si je peux me permettre de le dire.

Au début, j'avais pensé le louer et ainsi garder un pied au RU en cas d'échec catastrophique de l'aventure française, mais je voulais aussi avoir une idée approximative de sa valeur, au cas où je déciderais de le vendre ou je ne trouverais pas de locataire.

J'appelai deux agents immobiliers pour venir me donner leur avis. Le premier était d'une boîte spécialisée dans les biens ruraux. Il salua Meic avec enthousiasme, presque avant de me reconnaître, et il dit que le salon était vraiment charmant. Le deuxième ignora Meic, se plaignit des poils de chien et dit que le salon était de bonne dimension.

Vous devinez lequel je choisis ?

Les ventes immobilières peuvent souvent – bien que pas toujours – se dérouler sans problème et, comme mon frère ne comptait pas sur la vente de son bien au Pays de Galles pour financer l'achat, on pouvait cibler une date provisoire début décembre 2006 pour concevoir le déménagement.

Mon agent immobilier nouvellement nommé se montra incroyablement efficace et il me trouva un locataire avec des références impeccables, impatient et prêt à emménager le 31 août.

Ce qui me mit devant un dilemme énorme : accepter ce qui semblait être un bon et fiable locataire, et ainsi me rendre effectivement sans abri, ou le refuser dans l'espoir que l'agent me trouve quelqu'un plus tard dans l'année quand le déménagement paraîtrait plus imminent.

Entre-temps, Maman faisait la navette entre la maison de retraite et l'hôpital, car par moments ses ennuis de santé inquiétaient le personnel. Il s'agissait souvent des ICT – des mini-AVC – mais le problème est qu'elles sont souvent l'avertissement qu'une attaque plus grave pourrait suivre. La maison de retraite s'occupait d'elle merveilleusement bien, donc on n'avait pas à se plaindre – hormis, inévitablement, pour quelques petits détails – mais ce n'était pas un vrai foyer de soins médicalisés et pas équipé pour faire face aux besoins de quelqu'un de l'âge et du degré d'infirmité de Maman.

On commençait à penser aux problèmes pratiques de transporter le contenu de trois maisons en France. La maison rose avait de la place pour presque tout ce qu'on voulait emmener, et tant mieux.

Je pensai qu'il était peut-être temps de vendre la collection d'antiquités de Maman – des meubles, de la porcelaine et de l'argenterie – plutôt que de payer pour la stocker ou la transporter. La plus grande partie était anglaise, donc, si on voulait la vendre plus tard en France, on aurait probablement du mal à y trouver un marché pour son style.

Il va sans dire que mon frère, l'accumulateur invétéré, voulait garder le tout. Ainsi, la seule option était de tout mettre en garde-meuble pendant qu'on essaye de vendre la maison de Maman, pour le transporter en France ultérieurement.

On regarda le prix des déménagements, aussi bien exécutés par des entreprises professionnelles que les frais pour louer un camion et le faire nous-même. En fin de compte, mon frère décida que la bonne solution, avec trois maisons à vider, serait d'acheter un camion de déménagement et le faire nous-même. En voilà une idée.

Je ne m'inquiétais pas plus que ça, car on bosse tous les deux, et le travail physique ne nous fait pas peur. En plus, un camion de déménagement était de la taille des gros vans que j'avais l'habitude de conduire, y compris partout en Allemagne et pour l'aller-retour entre là-bas et le RU. On alla en regarder un à Manchester et mon frère l'acheta sur le champ.

Mon frère se sentait plein de confiance pour le conduire lui-même car, rappelez-vous, il était le fier propriétaire d'un bus à impériale Leyland Routemaster. Mais il faut dire que ce camion-ci n'en faisait qu'à sa tête. Il était en-dessous du seuil poids lourd – juste – mais les engrenages étaient durs et il fallait que je me mette debout sur la pédale d'embrayage pour passer les vitesses. De plus, les freins n'obéissaient qu'à leurs propres règles. Trop léger sur la pédale et on se trouvait roulant bien au-delà d'où on voulait s'arrêter. Trop lourd et il fallait se peler du pare-brise comme une punaise écrasée.

Bien que mon frère le conduise, il devint de plus en plus nerveux à l'idée de le faire. Lorsque le moment arriva de l'emmener lourdement chargé des affaires de ma maison et des cartons de la sienne au Pays de Galles jusqu'au dépôt hors route à Hereford où il garait son bus, le camion se vautrait comme un vieux morse. Il y avait probablement trop de poids empilé trop haut, alors mon frère se trouvait obligé de conduire à pas plus de quarante kilomètres à l'heure sur des petites routes de campagne, où il était très difficile pour la procession de conducteurs enragés bloqués derrière nous de doubler.

La maison de Maman était déjà vendue, mais pas aussi cher qu'on avait espéré, car elle montrait les conséquences inévitables du fait que mon frère l'avait squattée pendant un temps considérable.

Tous ses meubles précieux étaient sauvegardés en garde-meuble et j'avais pris une décision que j'avais crue impensable : emménager chez mon frère à court terme.

Bon, je me dis, ce n'est pas pour longtemps, on sera bientôt en France et tout ira mieux dès qu'on commencera tous une nouvelle vie.

L'optimisme béat – vous en rappelez-vous ?

Pour être juste, la perspective ne put pas s'avérer plus facile pour mon frère. Mentir dans ses courriels et dire qu'on a la pêche, qu'on fait du ménage, qu'on arrange bien la maison, et qu'on n'a pas bu depuis des semaines, est une chose. C'en est une autre de se trouver avec une autre personne sous le même toit qui peut voir de ses propres yeux le décalage entre ceci et la vérité – ce qui lui aurait posé des problèmes.

Et arracher la défaite de la gueule de la victoire, vous rappelez-vous ? L'achat de la maison rose ne se déroulait pas rondement. Mon frère a tendance à tout prendre trop à cœur dans la vie. Les petits ennuis quotidiens avec lesquels on se confronte tous et qu'on surmonte, il les prend pour preuves supplémentaires de la malédiction qui, selon lui, tenaille la famille.

Il s'engageait pour un prêt immobilier en France pour financer en partie l'achat de la maison rose. Quand la banque française lui demanda de fournir les justificatifs de ses revenus et ses dépenses des derniers mois, il s'indigna, comme si cela était une sorte de violation personnelle. Inutile de ma part de lui souligner que c'était tout à fait normal et que j'avais fait la même chose pour le prêt pour mon petit cottage dans le Lincolnshire.

Environ cinq jours avant que mon nouveau locataire ne s'installe, les signes avant-coureurs que l'emménagement chez mon frère ne s'avérerait pas facile, ni pour lui ni pour moi, commencèrent. Il avait dit qu'il viendrait chez moi avec son camion pour prendre toutes mes affaires et les emmener au dépôt à Hereford.

Le matin du jour « J », il m'appela pour dire qu'il ne pouvait pas venir car il « n'allait pas bien ». Même à presque six cent kilomètres d'écart, il était facile de diagnostiquer au téléphone la nature de sa maladie.

Par précaution, il s'était rendu à l'hôpital et s'était fait admettre pour la nuit. Le personnel de cet hôpital près de chez lui, qu'il fréquentait assez souvent, en avait l'habitude.

Chaque fois qu'il se souciait d'avoir un alibi pour montrer qu'il était malade plutôt que saoul, il s'y rendait. Il voulait pouvoir citer l'épitaphe de l'humoriste et écrivain Spike Milligan : « *I told you I was ill* » (J'étais malade, je vous l'ai dit), bien que — apparemment —elle soit écrite en irlandais sur sa pierre tombale : « *Duirt mé leat go raibh mé breoite* ».

La panique gagnait du terrain. Ma maison était toujours pleine de meubles. Je devais la vider et quitter les lieux et en très peu de temps. J'insistai pour que mon frère parvienne à un Plan B de son lit de malade çar, jusqu'à là, tout s'appuyait sur son Plan A, désormais sorti par la fenêtre. Il réussit à se rétablir suffisamment pour trouver un déménageur dans le Lincolnshire et lui demander de m'appeler.

Suivirent deux jours angoissants, car le déménageur n'était pas libre avant la veille du jour où mon locataire devait emménager et je n'aimais pas que le Plan B n'ait pas son propre Plan B. Mais je ne pouvais rien y faire, car il semble que beaucoup de gens déménagent fin août et il n'y avait simplement personne d'autre disponible.

Le jour du déménagement pointa et, fidèle à leur parole, les déménageurs arrivèrent de bonne heure l'après-midi et s'occupèrent de la tâche de sortir tous mes biens temporels et de les charger dans leur camion de façon rapide et efficace. Ils devaient les livrer au Pays de Galles dans l'après-midi du lendemain.

Mon frère avait réussi, au moins, à garer son propre camion au parking en face de sa maison, et mes affaires seraient chargées dedans. La place qui restait serait remplie de ce qu'il pourrait sortir de chez lui.

C'était un début, quoique précaire et cahoteux, mais le commencement de la grande aventure était enfin arrivé.

Chapitre 20
Où sont les perce-neiges ?

Quid de Maman, cependant ? Depuis notre retour de France, il y a juste quelques semaines, elle avait été hospitalisée deux fois et on avait été très déconcertés par le piètre niveau des soins qu'elle y avait reçus. Bien qu'on comprenne les problèmes graves d'effectifs de service, on s'inquiétait vraiment qu'il n'y ait personne disponible, apparemment, pour aider Maman à manger, ce qu'elle était incapable de faire sans aide, et elle perdait beaucoup de poids.

Au service de liaison avec les patients de l'hôpital ils se montrèrent très gentils et serviables, et aidèrent de leur mieux. On souligna qu'on habitait trop loin l'un et l'autre pour venir chaque jour aider Maman à manger. Une représentante me rencontra dans la salle pour voir ce qu'ils pouvaient faire.

On trouva Maman assise devant une coupe de ce qui aurait pu être de la soupe, mais qui avait l'air de pouvoir très bien servir pour créosoter une remise de jardin. Il y avait aussi un sandwich tellement épais qu'il aurait fallu une mâchoire de crocodile pour l'englober. Même s'ils avaient eu l'air appétissant, le tout avait été laissé hors de la portée de Maman.

La représentante du service liaison dit toute de suite qu'elle comprenait le problème et elle dit à Maman : « Cela n'a pas l'air très appétissant, n'est-ce pas ? »

Maman se pencha vers elle et dit d'un ton confidentiel : « Pour être honnête, je n'apprécie pas vraiment ce type de nourriture. »

Evidemment, maintenant qu'elle devenait si fragile, elle ne pouvait pas retourner dans une maison de retraite classique, car elle avait de plus en plus besoin du niveau supérieur de soins médicalisés.

Comme je vivrais dorénavant chez mon frère au Pays de Galles, au moins pendant quelque temps, on décida que la meilleure solution serait de trouver un foyer de soins, ou une résidence avec facilités de soins médicalisés, dans les alentours où on pourrait aller facilement la voir chaque jour avant notre déménagement en France.

C'était à moi d'informer tout le personnel si gentil du foyer agréable à St Helens – qui avaient tous pris Maman en affection, et Meic aussi – qu'on allait l'emmener ailleurs. J'expliquai nos raisons, qu'ils acceptèrent.

Je leur dis qu'on avait l'intention de l'emmener en France avec nous pour commencer une nouvelle vie. Ils nous prenaient pour des cinglés et dirent qu'elle ne survivrait pas au trajet, même si on arrivait avec elle de l'autre côté de la Manche.

À cette époque, Maman avait presque quatre-vingt-dix ans. Ses ennuis de santé diagnostiqués comprenaient la démence vasculaire, la valve mitrale du cœur qui fuyait, l'angine, le myélome, l'ostéoporose, une contracture de Dupuytren de la main gauche (où les doigts se serrent en permanence dans une poignée), l'arthrose et une hernie hiatale. Elle ne pouvait faire que quelques pas avec beaucoup d'aide et un déambulateur à roulettes.

Mais elle jouissait encore de sa vie. Elle adorait ses pique-niques et ses sorties aux jardins publics et aux jardineries. Elle appréciait ses repas, lorsqu'il avait quelqu'un pour l'aider à manger. Sa vue était toujours aussi perçante que jamais et, même atteinte d'une surdité importante, elle arrivait toujours à suivre ses émissions télévisées préférées, surtout sur les antiquités, avec les sous-titres.

Sa vue avait encore une telle acuité qu'elle était capable de remarquer un grain de poussière sur un meuble à une distance de plusieurs mètres, car elle avait toujours été très bonne ménagère et elle gardait sa petite maison fièrement dans un état immaculé. Une mesure de la qualité de la maison de retraite était qu'elle ne critiquait jamais leur entretien ménager.

Maman adorait inviter pour des goûters et être le centre d'attention, mais en petit groupe, car elle avait tendance à devenir confuse avec trop de monde, surtout à cause de sa surdité qui l'empêchait de suivre facilement les conversations.

Elle savait toujours réciter beaucoup des poèmes qu'elle avait appris enfant. Elle ne pouvait plus vraiment discuter, donc, lorsqu'elle ressentait le besoin de remplir un moment calme, elle sortait ses deux préférés : *The Witch* (La Sorcière) et *Where Are the Snowdrops* (Où sont les perce-neiges), ce qu'elle faisait plusieurs fois par jour.

Ni l'un ni l'autre n'est bien connu, je les partage donc avec vous :

The Witch

I saw her picking cowslips
And marked her where she stood.
She never knew I watched her
Whilst hiding in the wood.
Her skirt was brightest crimson
And black her steeple hat.
Her broomstick lay beside her,
I'm very sure of that.
Her chin was sharp and pointed,
Her eyes, I don't know.
For when she turned towards me,
I thought it best to go.

Percy H. Ilott

La Sorcière

Je l'ai vue cueillir des coucous,
Et la regardais près de moi,
Sans qu'elle ne sache que je l'observais
De ma cachette dans le bois.

MAMAN, VENDS LE COCHON

Sa jupe était de cramoisi vif,
Son chapeau en flèche de noir.
Son balai gisait juste à côté,
J'en suis sûr, je pouvais le voir.

Son menton était en pointe aiguë,
Ses yeux, je ne sais pas.
Car, lorsqu'elle se tourna vers moi,
Je ne suis pas resté là.

Elle le déclama, accompagné de grands gestes théâtraux, une pause éloquente après « vers moi » et un dernier vers chuchoté.

Et ensuite :

Where are the Snowdrops?

"Where are the snowdrops?" said the sun
"Dead," said the frost,
"Buried and lost
Every one."

"A foolish answer," said the sun
"They did not die,
Asleep they lie
Every one.

And I will awake them
I, the sun, into the light
All clad in white
Every one."

Où sont les perce-neiges ?

« Où sont les perce-neiges? » dit le soleil.
« Morts, dit le frimas,
Dépéris et enterrés
Tous. »

« Une réponse sotte, dit le soleil,
Ils ne sont pas morts,
Ils gisent et dorment
Tous.

Et je les réveillerai
Dans ma lumière de soleil,
Tout de blanc parés
Tous. »

Poète inconnu, peut-être Annie Matheson (1853-1924)

Je ne l'ai trouvée nulle part ailleurs, dans aucune référence littéraire, mais Maman ajoutait toujours une strophe supplémentaire à ce poème. Le style et le mètre sont différents et je soupçonne qu'elle a pu être ajoutée par quelque enseignant depuis longtemps oublié qui pensait que, faute de quoi, la fin était un peu abrupte :

So they struggled and toiled, by day and by night,
Till two little snowdrops in green and white,
Rose out of the darkness and into the light,
And softly kissed one another.

Or, ils peinaient et luttaient jour et nuit,
Puis en vert et blanc deux perce-neiges petits,
Surgirent des ténèbres dans la lumière,
Et tout doucement s'embrassèrent.

En tant qu'entrepreneur, mon frère avait dirigé un service d'ambulance privé et il avait l'habitude d'emmener des patients âgés aux divers foyers des alentours. On l'envoya en regarder d'autres pour voir ce qu'il pouvait trouver.

Jill recommanda le foyer où son père avait été accueilli quelques fois pour des soins de répit lorsqu'elle partait en voyage. Il s'agissait d'une grande vieille maison qui surplombait un centre équestre, ainsi il pourrait être bien agréable pour Maman, qui aimait tant les animaux, de pouvoir voir par la fenêtre des chevaux passer.

Je connaissais un peu les lieux, car j'avais participé plusieurs fois aux concours au centre équestre à côté quand je faisais du saut d'obstacles. En plus, je savais que le père de Jill avait quelques ennuis de santé, je pensais donc qu'il y avait de fortes chances que le niveau de soins conviendrait aux besoins de Maman.

Mon frère alla voir sur place et jugea l'intérieur trop ténébreux. Il préférait plutôt un foyer moderne, conçu à cette fin, qui proposait tous les soins médicalisés et qui semblait, selon lui, agréable et efficace. Donc, peu avant mon propre déménagement au Pays de Galles, je pris toutes les affaires de Maman de la maison de retraite et dis adieu avec tristesse au personnel. Maman fut chargée dans une ambulance directement de l'hôpital où elle était encore patiente pour le long trajet jusqu'au sud du Pays de Galles.

Ma maison avait été vidée. Le locataire s'y était bien installé. Maintenant, c'était le moment pour moi et Meic de faire notre chemin jusqu'à la maison de mon frère et commencer la prochaine étape de « loup-brebis-chou ».

J'avais entretenu un petit espoir que mon frère aurait fait au moins quelques efforts de préparation pour mon arrivée imminente, face au chaos total dans lequel il vivait habituellement. Lorsque je franchis la porte d'entrée et trouvai du bric-à-brac partout par terre, à tel point que Meic et moi ne pouvions guère passer, je me dirigeai vers la chambre qui serait la mienne pour le moment, je m'assis sur le lit, entourai de mes bras le gros Meic, solide et câlin, et je hurlai et hurlai sur la perte de mon petit cottage bien-aimé.

Mais il faut aller de l'avant. Il y avait des loups et des brebis et des choux à déplacer, et le lendemain, des meubles à transporter au dépôt à Hereford, où le bus de mon frère était garé.

Chapitre 21

Un road trip

Voyager avec mon frère, peu importe où, est toujours une expérience – c'est le moins que l'on puisse dire. Il évite comme la peste les autoroutes et emprunte toujours le parcours panoramique, même si cela double souvent le temps de trajet. Il aime faire des escales pour la nuit sur les trajets qui pour d'autres ne seraient qu'un voyage aller-retour d'un après-midi, au plus.

Donc, sur l'aller-retour de chez lui jusqu'à Hereford – qui, selon Via Michelin, est un trajet d'environ deux heures dix-huit minutes – on s'arrêtait pour la nuit pas une, mais deux fois. Ce qui ne me gênait pas trop, vu que j'adore camper, Meic aussi, mais cela semblait quand même un peu excessif. Mais il s'avéra néanmoins utile.

Notre première escale était près de Brecon. Comme on allait laisser le camion de déménagement dans l'entrepôt cette fois, je suivais dans le vieux break Mercedes de mon frère. Au volant, mon ver d'oreille était inévitablement cette vielle chanson de music-hall : « *My old man said follow the van, and don't dilly-dally on the way...* » (Mon homme me dit de suivre le camion, et de ne pas lambiner en route).

Depuis mon point de vue avantageux, je remarquai sur le trajet que le camion commençait à vautrer et à rouler d'une façon des plus alarmantes, et j'étais simplement heureuse qu'il n'y ait pas de vent fort.

Dès qu'on entra sur le parking du camping et que je me garai à côté du camion– du côté intérieur – je pouvais bien constater que le chargement s'était déplacé au point de bomber les parois du véhicule et une fissure alarmante était apparue au coin de la carrosserie.

Je suis assez menue et pas très grosse, alors je tirai la courte paille pour grimper à l'intérieur et m'enfouir afin de me creuser un chemin vers le coin du fond, munie d'une corde pour amarrer aux barres latérales du côté bombé du camion, tirer le plus fort possible pour ma petite charpente, et l'attacher aux barres du côté d'en face.

Je me suis convenablement débrouillée et le bombement du coté était fortement réduit, ainsi le tout commença à paraître plus en sécurité.

Faire le chemin à l'envers pour sortir du camion s'avéra nettement plus périlleux. À un moment donné je me trouvai bel et bien coincée quelque part en plein milieu, imaginant que je devrais être mise en entrepôt avec le reste du chargement.

Pour m'extraire il fallait tordre la jambe gauche selon un angle pour lequel elle n'était pas conçue et qui me faisait beaucoup de mal, puis descendre le chargement à l'arrière, dégringolant la moitié pour atterrir dans un tas indigne.

Mon frère avait l'intention de dormir dans la cabine du camion, pendant que Meic et moi emprunterions notre tente fidèle. Le camping ne permettait pas de voitures sur les emplacements et on m'avait alloué un emplacement très loin à pied du parking, mais le propriétaire vint avec une petite voiturette de golf pour m'aider à porter mes affaires. Le tout faisait un peu beaucoup quand on se rend compte qu'on était à quatre-vingt kilomètres à peine de notre destination.

Mais sans doute mon frère avait besoin de remplir son niveau d'alcool avant d'aller plus loin. Comme il montra, au moins, le bon sens de ne pas boire et prendre ensuite le volant, je me contentais de cette petite coupure pour offrir à Meic son régal préféré : une nuit sous tente, ce que nous avions bien apprécié tous les deux.

Le lendemain, on continua à rouler au pas vers le dépôt hors route pour laisser le camion, et camper une deuxième nuit dans un pré qui jouxte le pub du village que mon frère aimait fréquenter, lors de ses sorties là-haut pour jouer avec son bus.

Comme la fois précédente, il dormit dans le camion pendant que Meic et moi étions sous la toile. Eh ben, le nylon « rip-stop » à vrai dire – une des meilleurs tentes du magasin Millett's, heureusement très résistante, bien que pas chère.

Cette nuit fut déchirée par un orage incroyable, avec des vents d'une telle férocité qu'ils réussirent à tordre et casser le mât en fibre de carbone de l'auvent de la tente. Heureusement, le reste de la tente resta étanche et Meic et moi pûmes dormir un peu dans le bruit du vent hurlant.

Ici, j'ouvre une parenthèse sur le camping en compagnie d'un chien atteint de crises psychomotrices – si vous n'aimez pas les chiens, détournez maintenant les yeux. Je comprends pourquoi les chiens font d'excellentes alertes médicales dans toutes sortes de cas, car Meic savait toujours, une vingtaine de minutes avant qu'elle ne survienne, qu'il aurait sous peu une de ses crises.

Ses beaux yeux bruns dorés – je disais toujours qu'ils ressemblaient au *golden syrup,* le sirop roux de sucre inverti, quand on le regarde dans la boîte de conserve – changeaient entièrement, devenant plutôt troubles, et il commençait à s'agiter.

Ensuite, avec chaque pulsation dévoyée qui traversait en flèche sa cervelle, il se projetait en avant, souvent avec un glapissement fort, et ses mâchoires claquaient hors de contrôle sur tout ce qui se trouvait en travers du chemin.

Contrairement aux crises épileptiques tonico-cloniques, qui peuvent s'avérer très violentes, bien que souvent d'une durée relativement courte, les crises psychomotrices de Meic pouvaient durer très longtemps – la pire a duré trente-six heures. On l'appelle parfois le syndrome de « mord-mouches », car le chien semble mordiller des mouches que lui seul est capable de voir.

Ce n'est pas le comportement le plus facile à gérer

dans les confins réduits d'une tente. Ma façon habituelle de m'en occuper, vu que le traitement n'avait pas empêché les crises d'arriver et avait des effets secondaires que je trouvais indésirables, était d'enfermer Meic dans un endroit relativement petit et sécurisé et de le laisser se débrouiller. S'il était atteint d'une crise lorsqu'on campait, je le mettais dans la voiture et je rentrais dormir dans la tente.

Heureusement, avec l'orage et tout le reste à assumer, Meic passa une nuit tranquille et nous appréciâmes bien notre petite aventure avant de retourner au Pays de Galles.

Ainsi, dorénavant, la brebis, le chou et la petite barque se trouvaient tous dans la même principauté. La première phase du déménagement était accomplie.

Moins de trois semaines plus tard, on regardait d'autres foyers pour Maman. Moins de quatre semaines plus tard, j'avais eu ma claque et je quittai la maison de mon frère pour aller mendier l'asile auprès de cette meilleure des amies, Jill, qui vivait à proximité.

C'est une triste réalité que, quand les choses démarrent mal, elles ont tendance à s'empirer, plutôt que s'améliorer. Lors des toutes premières visites au foyer de soins, je savais qu'on ne naviguerait pas sur un fleuve tranquille. Un des premiers incidents qui me permit de comprendre à quel point les eaux seraient troubles fut lors de l'occasion de défaire les valises de Maman.

J'avais été responsable de sa garde-robe depuis quelques bonnes années déjà. Maman adorait chercher des bonnes affaires dans les friperies caritatives et sur les vide-greniers. Comme elle vivait dans le Cheshire – comté plutôt bien nanti – il y avait d'incroyables trouvailles possibles : d'excellentes marques aux prix ridicules.

Pendant qu'elle en était encore capable, je l'emmenais fouiner dans les friperies. Lorsqu'elle ne pouvait plus y aller elle-même, j'achetais pour elle et lui apportais des choses qui, je le savais, allaient lui plaire. Donc, il est juste de dire que je connaissais chaque vêtement qu'elle possédait. En plus, j'avais vérifié en personne que tout était étiqueté avec son nom et j'avais fait ses valises moi-même pour son déménagement de St Helens au Pays de Galles.

Dès ma deuxième visite au foyer du Pays de Galles, juste après son installation, je lui avais trouvé un petit quelque chose à porter et j'allai le ranger dans l'armoire. Je fus perplexe d'y trouver plusieurs vêtements que je savais ne pas être les siens. De plus, ils n'étaient pas du tout de sa taille. Maman était petite et mince, à peine plus d'un mètre cinquante à cette époque et de taille 38 pour la plupart des choses, avec quelques rares choses en taille 40 de temps en temps, juste pour un peu plus de confort.

Certaines des horreurs ci-rangées étaient en 48. Maman n'a jamais été une 48 de sa vie. Pire encore, Maman était pointilleuse sur la qualité et le tissu de ce qu'elle portait. Ses propres habits étaient des Chanel, des Jaeger et ce genre, faits en coton, soie, lin ou cachemire. Ceux-ci étaient plutôt du genre polyester grossier bon marché.

Si on croit ou pas que les gens ont une aura de couleur personnelle, on n'aurait pas besoin de passer longtemps avec Maman pour comprendre qu'elle était rose cendré et vert sauge. Ces vêtements étaient en noir, violet de ménopause et rouge vif.

Je partis chercher l'infirmière principale de service et expliquai – poliment – qu'il y avait eu confusion. Elle m'assura que ces vêtements étaient bien à Maman, qu'ils étaient ceux qui été arrivés avec elle, et que c'était elle, elle-même, qui les avait étiquetés avec le nom de Maman.

J'étais tentée de lui demander d'habiller Maman du survêtement en Crimplene violet vif – on aurait eu besoin d'envoyer une équipe de recherche pour l'y retrouver dans ses plis volumineux de taille 48.

Toujours avec politesse, je soulignai tous les facteurs ci-dessus et que j'avais rangé tous les vêtements de Maman dans les deux petites valises avec lesquelles elle était venue. Donc, quiconque était propriétaire de ces vêtements, ce n'était certainement pas elle.

J'aurais aimé avoir eu la présence d'esprit de l'inviter à refaire les deux petites valises de Maman, rangées dans la chambre, avec le contenu de l'armoire. Le gros manteau rouge vif en aurait rempli une à lui seul, sans laisser la moindre place pour ses propres affaires, étiquetées de ma main.

Je compris que c'était une erreur de bonne foi : quelqu'un croyait rendre service en étiquetant des vêtements sans nom. Cependant, on aurait dû voir que les autres affaires de Maman qu'on avait rangées n'étaient pas simplement d'une taille nettement plus petite, mais avait déjà des étiquettes avec son nom.

J'étais vexée qu'on ne m'écoute pas et qu'on ne me croie pas. J'étais vexée qu'on n'ait pas remarqué la taille de Maman et qu'on n'ait pas demandé avant de tout étiqueter. J'étais vexée car cela montrait une certaine attitude de « on sait mieux et vous n'en savez rien de votre mère » que je n'aimais pas. Je serrai les dents et croyais que les choses s'arrangeraient. Ce qui n'était pas le cas.

Mon frère et moi commencions à nous demander si nous n'avions pas commis une erreur dans le choix du foyer, vu cette attitude. Nous nous mîmes à regarder les alternatifs dans les alentours et nous en trouvâmes un qui était très beau, situé dans un parc avec une vue spectaculaire sur la vallée du Towy.

Mais, encore une fois, on se confronta au fait que celui-là n'était pas un foyer de soins médicalisés et, en tant que tel, risquait de ne pas pouvoir offrir les soins dont Maman avait besoin.

On avait hâte de la sortir, de l'emmener en France sous mes soins, mais les choses n'avançaient pas assez vite.

Chapitre 22

Une coupure

Pour moi, partager une maison avec mon frère s'avérait beaucoup plus pénible que je n'avais jamais imaginé. C'est certain que ma présence sur place ne l'aidait pas non plus dans ses problèmes.

En principe, la maison était suffisamment grande pour qu'on s'évite la plupart du temps. La disposition était vraiment extraordinaire, avec ses sept escaliers. Il est arrivé que des convives se lèvent de la table pour aller à la salle de bain et passent plusieurs minutes à descendre et à remonter des volées, tentant de retrouver le chemin vers la pièce qu'ils venaient de quitter.

J'occupais une chambre et une sorte de bureau en haut de la maison, sous les combles, et on partageait la cuisine, la salle de bain et les toilettes. Mais tout était dans un état de crasse, de misère et de chaos si déprimant que même passer de la chambre aux toilettes était difficile et potentiellement dangereux.

Plusieurs escaliers n'avaient pas de rampe. Des fils électriques traînaient partout – Dieu sait lesquels étaient sous tension et lesquels étaient hors circuit. Je fis ce que je pouvais pour la rendre habitable, sans parler de la préparer pour être mise en vente. Je lavai, frottai, désinfectai et astiquai tout ce qui était à ma portée. Je passai des heures à genoux pour racler du plâtre tombé sur les marches et dans la salle de bain, et encore plus d'heures à taillader dans la jungle du jardin pour qu'on puisse au moins voir son potentiel.

Mon frère continuait à picoler. Dans le passé, j'avais essayé à plusieurs reprises de l'aider en le dirigeant vers une aide professionnelle, car il était clair que je n'avais ni les compétences, ni – pour être franche – la patience pour l'aider moi-même.

Alors qu'on se trouvait chez Maman tous les deux pour préparer la mise en vente, et qu'il était, une fois de plus, dans un état pitoyable d'ivresse et de pleurs et disait qu'il voulait être soigné, je lui pris rendez-vous au Priory Hospital – peut-être le plus expérimenté en toutes formes d'addiction – le mis d'office dans une chemise propre, l'y conduisis et le déposai sur place.

Il y tint moins de trente-six heures, avant de dire qu'ils étaient tous une bande de branleurs qui faisaient n'importe quoi, et de se libérer directement dans la direction du pub le plus proche.

J'avais la bonne chance d'avoir une amie conseillère en toxicomanie. Elle me mit en contact avec d'autres amis qui géraient un centre de réhabilitation dans le Lancashire – tout aussi bien, pourtant moins connu – qui disaient qu'ils seraient ravis d'aider.

Je pris rendez-vous pour lui, mais je ne pouvais

pas me libérer à ce moment pour l'accompagner. Il se pointa pour le rendez-vous, annonça qu'ils étaient tous des branleurs qui voulaient qu'il leur remette son téléphone et son ordinateur portable – ce qu'il ne pouvait point faire, vu toutes les choses hautement importantes qu'il devait faire. Une fois de plus il refusa de rester.

Un certain soir, après mon emménagement chez mon frère, il décida qu'il devait impérativement regarder le téléviseur dans ma chambre, car c'était le seul dans la maison qui marchait. Il devint verbalement et physiquement violent lorsque je refusai, car je voulais me coucher, alors je dis que j'en avais ras-le-bol. Tout notre accord était annulé, j'allais chez Jill et on devrait repenser tout le projet, car je ne pouvais plus me soumettre à ce genre d'abus.

Je m'arrangeai avec Jill pour aller chez elle dès le lendemain. C'est dans des circonstances pareilles qu'on découvre qui sont ses vrais amis. Comme je n'avais pas de voiture à ce moment-là, j'irais en train et Jill me chercherait à la gare.

Le lendemain matin, comme c'est souvent le cas chez les alcooliques, mon frère était sobre et beaucoup plus calme. Soit il avait oublié ce qui s'était passé la veille, soit il croyait que je pétais simplement les plombs et que le matin j'aurais déjà tourné la page. Il se souciait tant de me montrer qu'il pouvait être raisonnable et à quel point j'étais hystérique, qu'il me conduisit même à la gare.

Je restai chez Jill pour six jours bienheureux de « repos et récup » et pour me remettre d'aplomb dans mes esprits et voir ce qui pourrait être sauvé d'une situation si affreusement confuse. J'essayais surtout de penser à ce qu'il fallait faire dans le meilleur intérêt de Maman, ayant fait autant de chemin dans ce projet qui était, en grande partie, une initiative afin de lui procurer une meilleure qualité de vie pour le temps qui lui restait.

Du temps passé avec Jill est toujours une thérapie. Elle sait quand parler et quand se taire. J'essayai de montrer ma reconnaissance en repassant tout ce qui n'était pas attaché, car le repassage est la seule corvée ménagère que j'aime vraiment faire.

Pendant mon séjour, je descendis à pied au garage à proximité, où Jill achetait ses véhicules et les faisait entretenir et réparer. Je conclus un marché avec le propriétaire pour sa propre fourgonnette quotidienne, une vieille Opel Combo, y compris la barre de gyrophares orange funky.

Je commençais à sentir que, pour le bien-être de Maman, je devais retirer l'entreprise d'une façon ou une autre du bord de la falaise et faire que le déménagement se réalise. Devenue à nouveau plus optimiste, je pensai qu'avoir à nouveau l'indépendance de mon propre véhicule, plutôt qu'en emprunter un à mon frère, me permettrait peut-être de rendre la vie supportable.

Par mon absence – désormais six jours – je lui avais déjà montré que j'étais bien capable de prendre la porte si son comportement devenait insupportable, ce qui l'avait fortement choqué. S'il croyait que je pouvais simplement lever les voiles et partir, il arriverait peut-être à maintenir son comportement envers moi à un niveau acceptable.

D'ailleurs, j'avais remarqué sur le registre des visiteurs et après avoir parlé au personnel du foyer de soins, qu'il n'était pas allé une seule fois voir Maman pendant les six jours de mon absence, alors que je la voyais quotidiennement. La merveilleuse Jill avait souscrit une assurance sur sa Suzuki 4x4 pour que je puisse la conduire pendant que je restais chez elle, avant mon achat de la fourgonnette. Auparavant, mon frère et moi allions tous les deux chaque jour, souvent séparément, pour que Maman ait le plus de compagnie possible et pour veiller sur elle.

C'était le moment d'y retourner et de découvrir quelles horreurs m'attendaient.

J'arrivai et entrai – pas une mince affaire, vu que la sécurité était une grande préoccupation chez mon frère, mais Dieu sait pourquoi ; aucun cambrioleur qui se respecte n'aurait imaginé mettre le pied dans un tel lieu, au péril de sa vie, tant le désordre était total et présentait un risque élevé « Santé et Sécurité ». Mon frère était affalé, totalement comateux, sur son lit, la porte de la chambre grande ouverte. C'est-à-dire, dans l'attente qu'on le trouve.

Il gisait à plat ventre, donc, sans aucun danger de s'étouffer sur ses vomissures. Je lui parlai. Je criai. Il ne bougea pas. Sœur gentille et compatissante comme je suis, je pris Meic et je le sortis pour la plus longue promenade que son pauvre vieux cœur et ses pattes pouvaient supporter.

Nous étions retombés dans la même vieille ornière

pendant que moi, je tentais d'avancer le nettoyage et le rangement de la maison, au moins suffisamment pour pouvoir la montrer aux acheteurs potentiels.

Il y eut du progrès, dans la mesure où je parvins à persuader mon frère de louer une succession de bennes pour commencer à se débarrasser de la camelote que même lui ne pouvait pas imaginer jamais être de la moindre utilité.

Un des problèmes majeurs pour essayer de désencombrer un lieu de vie habité par mon frère était les journaux. On ne devait simplement en jeter aucun – jamais. Sa réponse était toujours qu'il y avait un tel article qu'il allait lire un de ces jours. Cette situation a duré presque trente ans, depuis la rupture de son mariage, lorsqu'il resta dans la maison conjugale.

Les choses s'améliorèrent un peu du fait que, lorsque de plus en plus de lacunes paraissaient dans les soins de notre mère au foyer, nous nous rapprochions et nous étions soudés dans nos efforts à nous battre pour elle.

Après quelques semaines, on remarqua qu'elle ne portait pas son aide auditive. C'est facile de négliger ce genre de chose quand on habille et prépare des dames âgées, mais cela nous rendait la vie très pénible lorsqu'on essayait de lui parler. Sans appareil, elle était vraiment très sourde, ce qui donnait l'impression qu'elle était plus loufoque qu'elle n'était. Elle y vivait depuis sept semaines avant que je ne retrouve son aide auditive, pas encore sortie, dans une de ses trousses de toilette.

On n'était ni contents, ni rassurés, car le bilan de

sortie du foyer précédant indiquait clairement qu'elle était sourde, qu'elle portait une aide auditive et qu'elle avait besoin des sous-titres pour regarder la télévision – car elle était encore capable de saisir une partie de ce qui se passait en les lisant. Je remis l'appareil en mains propres à l'infirmière principale de service.

Elle installa l'appareil dans l'oreille de Maman, en vérifiant auprès de moi que c'était fait correctement et qu'il était dans la bonne oreille. Deux jours plus tard, il était à nouveau égaré et on se retrouva encore obligés de converser en criant avec Maman qui comprenait les choses de travers.

Maman souffrait de démence vasculaire, pas de la maladie d'Alzheimer. C'est étonnant combien de gens – y compris des professionnels de la santé – croient toujours qu'il s'agit de la grande « A » lorsqu'on parle de la démence. La mémoire à court terme de Maman était totalement disparue pour beaucoup de choses. Si on lui disait quel jour on était et le lui redemandait cinq minutes plus tard, elle en n'aurait aucune idée.

Mais elle savait qui elle était, qui j'étais, qui était Meic et qui était mon frère. Elle savait plein de choses sur elle-même et prenait un vrai plaisir à raconter aux autres le Royal Garden Party où elle rencontra la reine. Elle se souvenait des noms de tous ses frères et sœurs, pourtant elle ne pouvait plus se rappeler qui était encore vivant et qui était mort, hormis la petite Florrie. Elle était morte depuis longtemps et la mémoire à long terme de Maman était encore bonne. Ainsi, elle se souvenait encore des poèmes d'enfance.

Elle parlait très rarement avec un non-sens total.

Donc, lorsque un jour elle me dit qu'il y avait un agneau dans un arbre du jardin et qu'elle s'inquiétait pour lui, car le temps était mauvais et qu'il y était depuis un bon moment sans bouger, je savais que tout ne tournait pas rond.

Je me dirigeai vers le bureau des infirmières à la recherche de l'infirmière principale de service pour exprimer mon inquiétude que Maman puisse être déshydratée, vu que c'était la seule circonstance dans laquelle elle avait tendance à halluciner. On m'assura qu'elle ne pouvait pas être déshydratée, car elle avait mangé son repas de soir. Eh ben, voilà, donc.

Le lendemain, elle était toujours aussi confuse, voire un peu plus. L'agneau n'avait pas bougé du tout ; elle s'inquiétait qu'il ait pu y rester toute la nuit et cela n'allait pas, laisser un pauvre agneau dans un arbre comme ça. Cette fois-ci, je parlai à deux infirmières principales différentes et, encore une fois, on me dit que tout allait bien. Car, bien sûr, je ne pouvais point connaître ma mère mieux qu'eux, l'ayant accueillie chez eux pas plus de sept semaines.

J'étais invitée à diner chez Jill ce soir-là et je devais y rester toute la semaine suivante pour m'occuper de sa collection de chats pendant ses vacances scolaires. Aucune surprise, donc, lorsque je reçus un appel sur mon portable pour dire que Maman avait été hospitalisée.

J'appelai mon frère pour le mettre au courant et lui dire que je passerais le chercher en route pour l'hôpital. C'était évident qu'il avait bu – beaucoup – probablement dès le moment que j'avais dit que je partais pour une autre semaine. Bien qu'il n'aime pas ma présence dans sa vie, il craint encore plus de se retrouver seul.

Lorsque je le rejoignis, il n'était d'aucune utilité pour autrui, ni homme ni bête, mais pourtant je l'emmenai à l'hôpital, où il tituba aussitôt vers la cantine pour trouver de quoi manger.

Je parlai avec une jeune femme médecin aux urgences ; je lui exprimai mes préoccupations antérieures au sujet d'une possible déshydratation et elle était d'accord. Elle plaça Maman sous perfusion et me dit de l'encourager à boire le plus d'eau possible. Tout comme moi, elle semblait s'étonner qu'au foyer de soins personne n'ait remarqué le début de la déshydratation, ou n'ait rien fait pour la traiter une fois déclarée.

Un litre d'eau environ plus tard et Maman était revenue à ce qui passait pour normal : plusieurs « *The Witch* » et « *Snowdrops* », beaucoup de « *Mother, Mother, it's a bugger* », et rien de plus sur des agneaux dans les arbres.

Chapitre 23

Ça ne gaze pas

L'incident de l'agneau dans l'arbre fut le début d'un motif qui allait se reproduire plusieurs fois. Je remarquais les signes avant-coureurs que tout n'allait pas bien et les rapportais à l'infirmière principale, juste pour être bercée par des histoires de plus en plus bizarres.

Peut-être la plus stupéfiante fut lorsque je trouvai Maman confuse, le visage rougi et les lèvres beaucoup plus rouges que la normale. On me dit que c'était probablement parce qu'elle avait mangé de la confiture pour son goûter.

Elle passa ensuite une nuit tellement agitée qu'elle tomba de son lit, alors on appela le médecin dès le lendemain matin. Il diagnostiqua la candidose buccale – pas rare comme effet secondaire de la déshydratation chez les personnes âgées. Et ainsi de suite…

Entre-temps, mon frère faisait des allers-retours en France. Il tentait, à sa façon quelque peu inepte, de finaliser l'achat de la maison pour qu'on puisse enfin sortir Maman du foyer et l'emmener là où je pourrais m'occuper de la plupart de ses soins quotidiens. La plupart, car je reconnaissais que j'aurais besoin d'aide pour la lever et la coucher, vu que divers incidents avec des chevaux m'avaient laissée avec des disques endommagés dans le dos et le cou.

Ensuite, un sabot vraiment inattendu tomba dans la machine : c'est moi qui tombai malade. C'est dangereux de le dire, mais je ne suis presque jamais malade. Je ne fais pas la malade.

Mon frère était en France et m'envoyait des SMS avec les détails de son trajet de retour, et il me demanda d'aller à Cardiff en voiture pour le chercher. Toute la journée, j'avais eu une douleur persistante dans l'abdomen, comme un cas grave de gaz intestinal bloqué, et je lui répondis que je ne me sentais pas d'attaque pour conduire aussi loin, qu'il devait prendre le train jusqu'à la ville voisine, où je le chercherais – ce que je fis.

Je passai encore une demi-journée à me sentir pas très bien, suivie d'une demi-journée à me sentir assez mal, que je passai au lit, hormis pour promener Meic. Ce qui n'était pas une mince affaire, car je devais descendre trois volées d'escaliers pour atteindre la porte d'entrée et en ce moment j'avais du mal à me tenir debout.

Je commençai à parler à mon frère de mon inquiétude d'avoir plusieurs des symptômes de l'appendicite aiguë. Comme pour tous ses autres problèmes, il est l'hypocondriaque professionnel qui est toujours convaincu que ses affections sont bien plus graves que celles de quiconque. Il réfuta l'idée, m'assurant qu'il avait souvent eu quelque chose de similaire et qu'il ne s'agissait que d'indigestion.

Je n'étais jamais très proche de mon père, mais je compatissais avec lui vers la fin de sa vie, lorsqu'il était alité, la peau jaunâtre et maigre comme un clou, visiblement proche de mourir d'un cancer du pancréas, et obligé de supporter mon frère debout à son chevet qui récitait en long et en large comment, lui, se sentait mal.

Le lendemain, je me suis avouée vaincue et allai consulter. Déjà, je ne pouvais guère me tenir debout. Au moment où le docteur me vit entrer dans son cabinet en titubant, presque pliée en deux, me serrant le côté, il dit : « Ah non, je crois qu'il s'agit bien de votre appendice, si vous l'avez toujours. »

Je l'avais. Je commençai à souhaiter que je ne l'avais plus. Le docteur me palpa doucement, ce qui me fit presque sauter au plafond, et annonça qu'il était convaincu que c'était l'appendicite aiguë et qu'il allait téléphoner pour me réserver un lit directement à l'hôpital, plutôt que perdre du temps à m'envoyer aux urgences.

Ne passez pas par la case Départ. Ne touchez pas 20 000 francs. Lancez un double pour redémarrer.

Mon frère devait me conduire à l'hôpital, car en ce moment j'étais tellement repliée que je ne pouvais même pas voir au-dessus du volant. J'étais terrifiée, pas seulement pour moi-même, mais pour le fait que la seule chose que je pouvais faire dans les circonstances était de laisser mon Meic bien-aimé aux soins très douteux de mon frère.

Je me mis à faire une liste minutieuse des traitements pour son cœur et son arthrose, de ses besoins alimentaires, de l'exercice qu'il lui fallait et des ordres nécessaires pour qu'il fasse ses besoins sur commande – ce qu'il faisait très bien.

Je croyais encore que je faisais peut-être des histoires pour rien, qu'il ne s'agissait que du gaz bloqué et, si je pouvais simplement sortir un seul pet gargantuesque, tout irait bien. Je commençai à soupçonner qu'il pourrait s'avérer être quelque chose de plus grave lorsque le chef de clinique, après m'avoir auscultée et demandé un scanner, vit l'infirmière aller chercher un fauteuil roulant et dit : « Ah non, pas dans un fauteuil ; trouvez quelqu'un pour l'emmener dans le lit. »

Je suis nulle quand il s'agit de ces questions qui demandent : « Sur une échelle de un à dix, comment ressentez-vous la douleur ? » Je ne sais pas si c'est ma phobie des chiffres ou mon cerveau qui analyse trop ou quoi, mais je n'arrive jamais à trouver une réponse rapide et définitive. Je les assurai à plusieurs reprises que si je restais tranquille et totalement immobile, et que – surtout – personne ne me palpe en disant « Est-ce que cela fait mal ? », la douleur ne figurait guère sur l'échelle. Mais lorsqu'ils me palpèrent et me tapotèrent, elle grimpa probablement vers cinq, environ.

Ils me demandèrent constamment si ce n'était pas bien plus et si j'avais vomi. Non, je n'avais pas vomi. Je ne vomis presque jamais. Il est possible que je n'aie pas vomi depuis plus de trente ans et la dernière fois aurait pu être le résultat d'un abus de champagne.

Je ne voulais pas de chichis. J'étais d'accord avec l'infirmière, je serais bien dans un fauteuil. Je ne voulais surtout pas être trimbalée dans un lit comme une personne malade. Je passai le scanner.

Lorsque le consultant reçut les résultats, il dit qu'ils opéreraient pour enlever mon appendice.

« Quand ? demandai-je.

- Tout de suite, il répondit, elle est sur le point d'éclater. »

Ah. Pas de gaz bloqué, alors.

C'était la première intervention chirurgicale majeure de ma vie. En fait, ce n'était que la deuxième fois que j'avais été hospitalisée ; la première fois fut pour l'extraction des quatre dents de sagesse sous anesthésie générale. Et oui, j'ai entendu toutes les blagues désobligeantes sur le manque de sagesse, croyez-moi !

Je ne sais rien de cette prétendue malédiction sur notre famille. Je sais que le consultant décida de permettre au chirurgien en herbe de tenter son premier essai de manier un bistouri et de lui laisser faire une complète intervention ouverte – rien de ce truc farfelu à travers un orifice.

Or, je me réveillai plus tard le soir avec une grande soif et une incision très douloureuse de dix centimètres totalement à travers les muscles abdominaux majeurs. Depuis, cette cicatrice a conduit des médecins français à me demander si, au Pays de Galles, ils ont de très grands couteaux, ou des lunettes très petites, et si les médecins gallois savent vraiment où se trouve l'appendice.

Dès que je fus bien réveillée, j'envoyai un SMS pour savoir comment allait Meic, mon « *darling boy* », comme je l'appelais toujours, et s'il avait pris son traitement. Heureusement, il était le chien le plus facile à soigner que j'avais jamais rencontré. On tendait simplement ses cachets, disait « prends tes cachets », et il les avalait sans tracas.

Contrairement à un des chats de Jill, Flip, que j'avais dû traiter chaque jour pendant que j'étais chez elle. Flip n'avait qu'une dent unique dans sa gueule. Pourtant, il réussit à l'enfoncer dans mon pouce à chaque fois que j'essayais d'introduire un cachet dans sa bouche.

Lorsque je finis par le mettre dans sa bouche sans qu'il le recrache avant de l'avaler, il me regarda d'un air pensif et disparut dans la buanderie.

Je n'étais pas trop surprise d'entendre des bruits lointains d'un chat qui vomissait. Je fus étonnée par son habilité à viser juste et à vomir uniquement dans mes bottes, ayant loupé toutes les chaussures de Jill qui étaient juste à côté.

La réponse de mon frère tournait autour de ses propres ennuis, et il voulait vérifier les arrangements pour l'alimentation de Meic, malgré les instructions très détaillées que j'avais laissées. Ce qui ne me rassura guère. Il ne demanda pas comment j'allais et il fallait que je rappelle pour obtenir une vraie réponse sur comment allait Meic.

J'étais déterminée à sortir de l'hôpital le plus

rapidement possible pour rejoindre mon *darling boy*. Le lendemain de l'opération, avec un peu d'encouragement de l'infirmière de service, j'étais levée, douchée et habillée, et assise dans le fauteuil à côté de mon lit lorsque le consultant fit sa tournée.

Il parut surpris et me demanda comment j'allais.

« Parfaitement bien, » rayonnai-je gaiement.

Il me regarda d'un œil vieille école et dit : « Mettez-vous sur le lit pour que je puisse vous examiner et vous dire à quel point vous allez bien. »

Il me tapota et palpa – j'étais déterminée à ne pas faire la moindre grimace – et il me donna un long discours : comment l'appendicite était plutôt rare et grave à mon âge, comment je venais de subir une intervention chirurgicale importante et comment je devais rester au moins deux jours de plus. Pas très rassurant.

Chose encore moins rassurante : plus tard dans la journée, mon frère débarqua en titubant pour me voir, la mine bien défaite. Je me fis du mauvais sang à l'idée que lui seul s'occupait de mon chouchou et qu'il avait pris le volant quand, visiblement, il n'était pas du tout en état de le faire.

Jill m'avait envoyé un SMS dès qu'elle apprit où j'étais et proposa de garder Meic chez elle – très gentil de sa part. Mais un gros collie agité dans une maison pleine de chats âgés n'était pas la meilleure idée.

Mon frère avait Meic dans la voiture avec lui et, bien que je meure d'impatience de le revoir et de recevoir un gros câlin chaleureux et poilu, c'était inimaginable que je descende jusqu'au parking par mes propres moyens, même pour Meic, et mon frère n'avait pas du tout l'air de pouvoir me pousser dans un fauteuil roulant – et je ne lui aurais pas fait confiance, non plus.

Je décidai de tenter une évasion de façon plus déterminée. Donc, j'étais à nouveau levée, douchée et assise dans un fauteuil pour les tournées matinales. Avant, j'allai dans le salon des patients et j'appelai mon frère du publiphone pour avoir des nouvelles de Meic.

Mon frère semblait ne pas aller du tout. Selon lui, il s'était pris le pied dans la laisse de Meic et il était tombé dans l'escalier – plusieurs volées – et s'était heurté la tête. Il dit qu'il souffrait d'une commotion cérébrale. Il semblait avoir une commotion toute ronde – comme une queue de pelle.

Il fallut demander plusieurs fois des nouvelles de Meic avant de recevoir une réponse : il allait très bien. Je ne savais pas si je devais le croire ou pas.

Le jeune médecin faisait la tournée ce matin-là et lorsqu'il arriva à mon chevet, tout le stress et les soucis de ces derniers jours me rattrapèrent. Quand il me demanda comment je me sentais, je fondis en larmes et réclamai, tout comme E.T., de rentrer chez moi.

Il se confondait déjà en excuses pour l'état de l'incision bancale qu'il m'avait laissée, et, évidemment, il trouva cet étalage d'émotions difficile à affronter. Il dit qu'il devait demander à un consultant si on pouvait me donner mon congé ou pas.

Bénissons le ciel pour un service de santé surmené

et le vendredi après-midi. C'était un autre consultant qui faisait la tournée ultérieure et il était manifestement Monsieur « Sortez-les Tous Avant le Week-End ».

J'expliquai que je m'inquiétais pour mon chien précieux aux mains d'un alcoolique. Il m'ausculta à nouveau et dit qu'il était satisfait du fait que j'avais l'esprit suffisamment sain et assez de bon sens pour faire appel à un médecin au moindre signe de ce qui pourrait être des complications et, sur cette base-là, il me donnerait une ordonnance pour des analgésiques et il signerait ma formule de sortie.

Un SMS rapide à Jill et elle se mit en route pour me chercher. Elle me demanda si, une fois que j'avais récupéré Meic, je voulais aller chez elle et rester quelques jours, pendant que je me remette sur pied. Est-ce que j'ai déjà dit qu'elle est la meilleure, meilleure amie qu'on pourrait avoir ?

Lorsqu'on on arriva chez mon frère, où la porte d'entrée ouvrait directement sur une route principale, je m'effrayai de voir la porte entrouverte, en pensant à mon cher *boy*. Lorsqu'on entra dans le salon du rez-de-chaussée – une ancienne boutique transformée – mon frère était avachi dans un fauteuil, à peine conscient. Mais, au moins, il avait Meic en laisse avec le bout fermement amarré au poignet par un de ses nœuds de marin.

Lequel de nous était le plus content de voir l'autre ? Un câlin et un gros bisou me firent un bien fou. Jill était pour me ramener chez elle tout de suite mais, vu l'état de mon frère, je pensais qu'il valait mieux que je reste.

Y avait-il une marmite de quelque chose d'appétissant qui mijotait sur le feu pour m'accueillir ? Une bouilloire qui venait à l'ébullition pour faire du thé ? Vous rêvez, peut-être.

À un moment donné mon frère ouvrit des yeux troubles et dit qu'il avait eu des problèmes avec le téléphone, ce qui voulait dire qu'en toute probabilité un des combinés quelque part dans la maison n'était pas bien raccroché. Ce qui voulait dire plus de douze pièces, y compris la grande dépendance et la véranda dehors, à vérifier. Pourrais-je, demanda-t-il, simplement faire un petit saut à l'étage pour commencer à les vérifier ?

Faire un petit saut ? lui demandai-je. Je ne pouvais guère me tenir debout. Je venais de subir une opération abdominale majeure, faite par un débutant muni de pas plus d'un canif et du Manuel de l'anatomie humaine pour les nuls, avec – vraisemblablement – la page sur l'appendice qui manquait. Il m'aurait fallu – et, plus tard, il me fallut – dix minutes ou plus pour me hisser au sommet de l'escalier qui menait à ma chambre.

Bienvenue chez toi !

Dans les semaines qui suivirent, l'achat de la *pink house* continua doucement son chemin. Les dates d'échéance arrivaient et passaient, car la façon de vivre chaotique de mon frère rendait impossible la tâche de mettre la main sur le seul document vital dont il avait besoin à un moment donné.

On commençait, au moins, à avoir des visites

d'acheteurs potentiels pour voir son bien. Mais, maintenant que j'étais immobilisée et ne pouvais faire aucun travail manuel et – bien sûr – rien qui aurait rendu la maison plus présentable, les quelques courageux qui vinrent battirent rapidement en retraite. Ils auraient pu déjeuner pendant des semaines sur les histoires qu'ils avaient à raconter.

Enfin, vers mi-décembre, mon frère retourna en France pour faire le nécessaire et conclure le marché.

Ainsi, après plusieurs mois d'angoisse, le 7 janvier 2007 il signa le contrat. La *pink house* était à lui. Le moment était venu pour la prochaine tournée de loup-brebis-chou.

Chapitre 24

Come fly with me ?

On avait acheté – ou plutôt mon frère avait acheté – la *pink house*. Mais il restait encore quelques petites choses à régler avant qu'on ne puisse tous s'y installer. La plus importante fut le téléphone, car il n'y en avait pas actuellement.

Même si je m'occuperais de Maman la plupart de temps, je devais avoir un moyen de gagner quelques euros pour pouvoir commencer à cotiser dans le système français et ainsi me qualifier pour les services de santé. Ils étaient bien supérieurs aux services qu'on avait rencontrés au RU, pourtant chers. Heureusement, mon boulot me permettait de travailler n'importe où, dès que je disposais d'une connexion internet, mais celle-ci devait être fiable.

Comme mon frère n'avait pas encore vendu sa maison au Pays de Galles, il devait passer pas mal de son temps là-bas pour tout trier et faire ses cartons. Ce qui voulait dire que j'allais me retrouver souvent seule à la *pink house* avec Maman. Une ligne téléphonique serait donc indispensable.

On devait aussi sonder le terrain pour des assistantes à domicile qui viendraient matin et soir pour aider Maman à se lever et à se coucher. J'avais des problèmes de cou suite à ce que je crois qu'on appelle un « *Glasgow kiss* » (un « bisou » glaswegien) d'un cheval nommé George. Il avait jeté en arrière sa tête juste au moment où je me penchais en avant, le sommet de son crâne connecta avec mon front et me donna un coup de lapin d'une telle force que j'entendis beaucoup de bruits affreux de crépitements et de déchirements.

À ce moment, je me trouvai à une distance d'une heure à cheval de mon centre équestre au Pays de Galles, avec un groupe de cavaliers que je ramenais d'une sortie de la journée. Je n'osai pas descendre pour vérifier les dégâts par peur de ne pas pouvoir remonter. On était bien avant l'époque du téléphone portable et loin de tout, et la meilleure option fut donc de rentrer tout doucement à cheval et voir ensuite de quoi il s'agissait.

Il me semblait que je n'avais rien de trop grave. Jusqu'au lendemain matin, où la seule façon de me lever du lit fut de me tirer la tête de l'oreiller – au sens propre, par les cheveux – de me rouler du lit sur les genoux et de me redresser en m'appuyant sur le chambranle de la porte. Pas trop tôt pour un petit saut aux urgences, alors.

Une des personnes qui m'aidaient à cette époque avait le permis, et elle m'y conduisit donc dans ma voiture. Après une brève auscultation initiale, on m'envoya pour une radio et me dit de rester allongée sans bouger pendant qu'ils l'étudiaient, car ils croyaient que j'avais peut-être un os cassé ou une hernie discale, et tout mouvement aurait pu être très dangereux. Chouette.

J'y restai allongée un bon moment à étudier le plafond qui n'était pas très propre. Ensuite, l'alarme d'incendie se déclencha et insista. Personne ne m'approcha. Dans mon esprit, j'étais tiraillée entre le choix de la mort par inhalation de fumée et la paralysie possible, lorsque mon groom Judy arriva. Elle buvait un chocolat chaud et semblait totalement impassible. Il s'agissait simplement, me dit-elle, d'un exercice d'incendie. Merci beaucoup, le personnel de l'hôpital, de nous avoir tenus au courant, nous qui attendions bêtement dans des cabines en attente d'être examinés !

George ne m'avait pas ratée, mais s'était gardé de causer quoi que ce soit de majeur. J'avais une micro fracture d'une vertèbre, quelques ligaments déchirés, des élongations musculaires et des foulures. Merci, George. On m'inséra dans une minerve très seyante, me donna des cachets analgésiques – si gros que je me demandai si je devais les avaler ou plutôt les enfoncer dans le cul de George par vengeance – et me donna rendez-vous à la clinique à la fin de la quinzaine.

Beaucoup plus tard, un kiné me dit que j'aurais dû avoir une minerve d'une forme différente et qu'on aurait dû me prescrire tout de suite de la kinésithérapie. Mais je ne l'avais pas eue et on ne me l'avait pas prescrit, ainsi le cou continuerait à me donner des ennuis pour toujours. Manœuvrer même le poids menu de Maman trop souvent n'était pas une option.

On devait aussi décider comment on transporterait Maman, sans menacer sa santé par des risques évitables ou graves. Au début, je préférais l'idée de l'acheminer par ambulance aérienne, accompagnée par du personnel médical – ce qu'on aurait pu faire facilement du petit aérodrome près de chez mon frère, jusqu'à l'aéroport d'Aulnat à Clermont-Ferrand.

Contrairement au « Parent Âgé », mon frère et moi-même, Maman n'avait pris l'avion que deux fois. Elle n'avait jamais volé du vivant du PA. Il détestait tellement prendre l'avion qu'il ne pouvait pas imaginer le faire, ainsi, lorsqu'ils allaient au Luxembourg, où ils avaient passé leur voyage de noces et d'autres vacances par la suite, ils voyageaient par train et bateau, tout comme la famille entière, lorsqu'on y alla en 1963 pour le millénaire du Grand-Duché de Luxembourg.

Mon père décéda en novembre 1988, la veille de son anniversaire. Lorsque le premier anniversaire de sa mort approcha, Jill et moi décidâmes d'emmener Maman en Espagne, sur la Costa de la Luz, pour un peu de soleil bienvenu et de dépaysement, et pour éviter de mauvais souvenirs. J'arrivais à voler lorsque je voyageais avec Jill, on voyagerait donc comme ça – ce qui serait le premier voyage de Maman en avion.

Je la rassurai : il n'y avait aucune raison de croire qu'elle n'aime pas voler. En fait, si elle ressemblait bien à sa mère, ses frères et ses sœurs, elle allait l'adorer. L'intrépide tante Ethel avait pris l'avion plusieurs fois et la sœur glamour Doris le prenait souvent. Je crois que Maman était la seule de la famille qui ne l'avait jamais fait.

La seule petite réserve que je pouvais avoir était sur le fait qu'on prenait l'avion pour Gibraltar et, ayant fait la même chose l'année précédente, je savais que l'atterrissage était un peu délicat. La piste est tellement petite, coincée entre la mer et un gros rocher, qu'ils devaient barrer la route pendant les atterrissages et les décollages des avions, et ce n'était pas mon lieu préféré pour atterrir.

La première fois qu'on était sur le point d'atterrir sur « Le Rocher », un agent de bord annonça, de cette voix étrange et adénoïdienne qu'ils ont souvent : « Mesdames et messieurs, nous allons atterrir à Gibraltar. Pendant l'atterrissage, vous entendrez un léger changement dans le son des réacteurs. C'est tout à fait normal, donc, ne vous inquiétez pas. »

Un léger changement ?! Comme le hurlement torturé de la poussée inverse, l'odeur fort de la gomme qui brûle, un couinement de freins et des secousses de l'appareil suffisantes pour faire sauter les coffres de bagages et laisser tomber une pluie d'objets sur les têtes des passagers au-dessous ? Je n'ose pas imaginer quelle est la marge de freinage de sécurité sur cette piste avant qu'un appareil ne heurte Le Rocher, mais je parierais que c'est de l'ordre de centimètres plutôt que de mètres !

Mais Maman attendait toute l'expérience avec impatience. Elle apprécia surtout de faire du shopping pour de nouveaux ensembles et choisir quoi porter.

Elle n'était jamais allée en Espagne et craignait probablement des « *lager louts* » (des voyous pleins de bière), des fast-foods du style *fish and chips* et du loto. Mais la côte Atlantique du sud, à cette époque tout du moins, était incroyablement calme, préservée et belle, avec des kilomètres de plage vide, surtout au mois de novembre.

Jill et moi étions tombées sur un appartement à Zahara de los Atunes l'année précédente, totalement par hasard. J'avais eu la piqure pour la randonnée à cheval lorsque j'étais allée dans la Sierra Nevada espagnole en compagnie de Debs, l'ex-femme de mon frère. Ce qui fut une expérience bizarre pour toutes deux.

On l'avait réservée en tant que vacances en selle, pour passer une semaine à explorer à cheval certains des villages les plus reculés de l'Espagne, en altitude dans la région d'Alpujarra, et être hébergées chaque nuit dans des auberges montagnardes. Ce fut en fait plutôt une grande randonnée à pied, menant nos montures fiables à nos côtés. Comme Debs se remettait d'une fracture d'un orteil, on ne l'aurait jamais réservée si on avait su.

On ne pouvait même pas comprendre pourquoi il fallait autant marcher. Des cavalières expérimentées, comme toutes les deux, savent bien qu'il y a des moments où il est prudent de démonter et de mener son cheval, surtout dans un groupe qui pourrait comprendre des cavaliers novices.

On ne comprenait pas toutefois pourquoi on devait descendre pour marcher dans des chemins qui ne paraissaient pas présenter des risques, qui étaient bien plats et de niveau, quand les chevaux n'étaient pas fatigués et que le soleil ne tapait pas fort. C'était par une de ces coïncidences bizarres de la vie que j'appris la vérité quelques années plus tard, lorsqu'il s'avéra qu'une cliente de mon centre équestre avait fait la même randonnée que moi à un autre moment.

Elle nous dit qu'une fois le guide permit à certains des cavaliers de prendre de l'avance – chose que, en tant que meneuse de randonnées moi-même, je ne permettrai jamais – et ils galopaient en avant un peu trop vite. Un cheval avait plongé avec son cavalier du bord d'un canyon de rivière et tous les deux avaient été tués. D'où la prudence.

Je suis devenue très amie avec Jill lorsqu'elle commença à monter à mon centre équestre au Pays de Galles au milieu des années 1980. Heureusement, elle découvrit assez vite que je suis complètement dingue et semblait capable de l'assumer.

Avec des amis et les clients réguliers, c'était pratique courante après une randonnée agréable de les inviter, soit dans la grande cuisine, soit dans la salle à manger dans la grange convertie, à prendre le thé avec les quelques gâteaux ou scones faits maison qui étaient sur la carte.

Ce jour-là, nos gâteaux étaient presque épuisés – en effet, il ne restait qu'une tranche – donc, dans le but d'empêcher mes deux grooms de la chiper pendant que j'étais de sortie avec Jill, je la pris ostensiblement devant eux et la léchai ; ainsi, je savais qu'elle était sauvegardée.

Lorsqu'on rentra d'un bon tour au grand air des sommets et des landes, on s'assit pour prendre le thé et, de sa place d'honneur, le morceau de gâteau unique nous lorgnait d'un air de reproche. Je pouvais voir que Jill avait l'air affamé et qu'elle reluquait souvent le gâteau – un *Victoria sponge*, une moelleuse génoise d'aspect particulièrement délectable.

Enfin, j'ai dû faire mon mea culpa et avouer pourquoi je ne pouvais pas lui proposer un morceau. Cela en dit long sur elle qu'on est restées amies depuis !

Jill avait déjà fait plusieurs longues randonnées dans des pays différents et elle sauta sur ma suggestion qu'on aille ensemble en Espagne pour en faire là-bas. J'avais vu une annonce et m'étais renseignée sur une qui partait de Zahara de los Atunes et faisait une boucle autour des collines de l'arrière-pays. On décida de la réserver, aussi bien que notre vol à Gibraltar, où on serait récupérées par une ex-patriote britannique – appelons-la Sonja.

Il se peut que l'hypothèse d'une malédiction entretenue par mon frère ne soit pas si invraisemblable que ça. Juste quelques jours avant notre départ prévu, je reçus un coup de fil de Sonja pour m'informer qu'à cause d'une épidémie de la peste équine mortelle dans cette région, tous ses chevaux avaient été mis en quarantaine et ne pouvaient pas être montés. Si on voulait toujours venir, elle nous ferait une remise sur le prix, ainsi on aurait une voiture de location gratuite pour la semaine, au lieu de l'équitation.

On doutait fortement que l'assurance vacances

indemniserait pour une annulation à cause de la peste équine, et on avait toute les deux besoin d'une escapade au soleil. On décida d'y aller quand même et de profiter simplement d'explorer la région en voiture plutôt qu'en selle.

Sonja était, c'est le moins qu'on puisse dire, un peu excentrique. Sa conduite était certainement une expérience et pas pour les âmes sensibles. Pendant qu'elle nous reconduisait de façon erratique à Zahara, elle nous expliqua qu'on aurait un choix de logements : soit une chambre d'hôtel, soit un appartement.

Elle nous emmena d'abord à l'hôtel et dans la chambre disponible. Un couple d'Anglais, dont la semaine tirait à sa fin et qui n'étaient pas encore partis, était assis dans la chambre en train de jouer au Trivial Pursuit. Ils nous dirent comme ils étaient contents d'avoir emmené le jeu avec eux, car ils avaient passé plusieurs heures agréables dans leur chambre à y jouer.

Jill et moi nous ne dîmes rien, mais nous échangeâmes un regard du genre « La vie doit offrir plus que ceci ».

On demanda s'il était possible de jeter un coup d'œil à l'appartement, juste pour comparer. La chambre d'hôtel était propre et convenable, aux lits simples, peu meublée – du style de cette région de l'Espagne – et bien située pour le bar et le restaurant en bas. Mais rien de spécial.

Sonja nous conduit vers l'autre côté de la ville et elle parut avoir entièrement perdu le nord lorsqu'elle déboucha sur la plage. Ensuite, elle tourna dans l'entrée d'un bâtiment qui s'appelait La Colmena – la ruche. C'était une très belle bâtisse blanche avec des arches partout et un jardin magnifique, plein de palmiers et de bougainvilliers.

Il y avait beaucoup de carrelage mosaïque mauresque, surtout sur les marches qui menaient aux divers appartements, y compris celui vers lequel Sonja nous emmenait. L'intérieur était agréablement lumineux et bien aménagé, avec trois chambres, une pièce à vivre ouverte et spacieuse, une cuisine petite mais bien équipée, et un beau balcon qui surplombait la plage et la mer.

On restait impassible et disait que ça allait, l'hôtel nous avait bien plu mais, vu qu'on y était maintenant et que nous ramener à l'hôtel incommoderait Sonja, on resterait sur place et en tirerait le meilleur parti. (Ce qui était fabuleux).

Jill l'aimait tant que, suite à ce premier séjour, elle y était retournée depuis avec sa mère avant qu'on ne le réserve pour emmener la mienne. Maman adora chaque minute de ses vacances, dès le moment où elle attache sa ceinture de sécurité pour son premier décollage.

Elle adora le vol. Elle était comme un enfant, pour lequel la nouveauté du repas délicat à bord fut un vrai régal. Elle s'amusa beaucoup à regarder par le hublot, même pour l'atterrissage, et elle ne paraissait pas ressentir la moindre angoisse en vol.

Après cela, j'ai fait preuve de courage et je l'ai accompagnée en avion voir la famille au Luxembourg.

Bien que je déteste prendre l'avion, je dois avouer que, vu que Maman habitait à moins de dix kilomètres de l'aéroport de Manchester, la commodité de déjeuner avec elle et, par la suite, prendre le goûter chez les cousins au Luxembourg après le saut de puce, valait largement le coup.

Jusqu'au moment où Maman et moi déambulions dans le long couloir vitré à la recherche de la bonne porte d'embarcation et notre appareil.

« Est-ce notre avion ? » demanda Maman, allégrement, et je regardai de façon optimiste un gros appareil solide et brillant qui semblait tout à fait apte au court vol.

Ce n'était qu'à ce moment que je réalisai que l'objet infime tapi à ses côtés, si minuscule que je l'avais pris pour le camion-bagages, était le tout petit jet Brasilia qui devait nous transporter.

J'étais totalement terrifiée, en sueur froide, pendant la durée entière du vol. Maman se dressa au hublot avec des « oh ! » et des « ah ! » de joie et elle jouit du champagne, des asperges, des fraises fraîches et du cognac qui accompagnaient les billets de classe affaires.

Donc, j'étais convaincue qu'elle ne s'inquiéterait point pour le vol vers la France. L'avantage d'un trajet d'assez courte durée équilibrerait les frais, qui n'étaient pas négligeables, et qui comprenaient la présence de personnel médicalement qualifié avec elle à tout moment.

Mon frère n'était pas convaincu. Pessimiste de nature, il ne cessait de se dire : et si quelque chose se passe lorsqu'elle est là-haut et s'il faut qu'elle soit hospitalisée ? Je lui démontrai qu'en toute probabilité, elle pourrait être emmenée à l'hôpital après l'atterrissage plus vite que dans un véhicule de route. Je crois qu'en grande partie il projetait sur elle sa propre peur de voler.

Je voulais simplement sortir Maman de ce foyer de soins le plus tôt qu'il était humainement possible. Survinrent encore des incidents qui me perturbèrent, dont quelques-uns à l'approche de Noël qui nous incitèrent à porter plainte formellement auprès de la gérance.

Chapitre 25

Joyeux Noël à tous

Malgré sa démence, Maman était encore parfaitement capable de dire ce qu'elle aimait ou ce qu'elle n'aimait pas, surtout concernant l'alimentation. Elle n'était pas difficile – elle ne l'avait jamais été – étant plutôt aventureuse et prête à goûter de nouveaux plats.

Mais elle n'avait jamais apprécié les fruits secs, ce que je tiens d'elle. Les mets sucrés traditionnels comme les *mince pies* (petites tourtes), le *Christmas pudding* et le cake riche, si typiques de la Noël britannique, ne sont pas pour nous. Nous préférons de loin une Pavlova légère, une tartelette aux fruits ou un gâteau moelleux au chocolat.

Un après-midi, alors que j'étais assise avec elle comme d'habitude, dans le salon commun et qu'on regardait quelque chose de divertissant à la télévision – probablement Inspecteur Barnaby – une aide-soignante nous apporta le plateau du goûter avec des *mince pies*.

On dit oui, toutes deux, aux tasses de thé, mais non

aux *mince pies*. À ma grande horreur, l'aide-soignante affirma que les *mince pies* étaient bonnes, en prit une et tenta de l'enfoncer dans la bouche de Maman, avant que je ne puisse réagir. À ce jour, je ne sais pas comment je me suis retenue de la frapper.

J'étais si remontée que je me rendis directement dans le bureau de la gérante et réclamai un rendez-vous pour le lendemain. J'expliquai qu'à cet instant précis je me retenais   de parler.

Le jour de Noël lui-même fut affreux. Lorsque j'arrivai le matin, muni des cadeaux pour Maman, le salon était plein de parents qui rendaient visite – tout à fait normal. Vu qu'on était au Pays de Galles, ils parlaient tous en gallois – normal, encore une fois – tout comme les aides-soignantes et le personnel qui s'y mêlaient pour distribuer les cadeaux rangés sous le sapin à tous les résidents. À tous sauf Maman.

Maman était assise toute seule en plein milieu de ce chahut. Elle ne parlait pas gallois. Personne ne lui prêtait la moindre attention. Elle s'était mouillée et elle était assise dans son pantalon trempé et paraissait très mal à l'aise.

Lorsque je l'atteignis, elle indiqua tous les autres résidents, qui s'occupaient d'ouvrir leurs cadeaux, et me dit tristement : « N'aurai-je pas un cadeau ? »

Nôtre famille n'a jamais été physiquement très affectueuse ou câline, mais à ce moment précis je voulais simplement l'entourer de mes bras, lui donner un énorme câlin et lui dire que tout s'arrangerait.

À ce moment, son aide-soignante désignée apparut – une femme assez sympathique – et elle fut totalement mortifiée. Les aides-soignantes désignées se chargeaient d'acheter elles-mêmes des cadeaux pour « leurs » résidents, et les emballaient en paquet cadeau avant de les mettre sous le sapin, étiquetés des prénoms des intéressés.

Bien que travaillant dans ce foyer depuis quatorze ans, cette aide-soignante n'avait pas réalisé que Maman n'y était pas la seule Nell, alors, une autre avait reçu son cadeau, une résidente d'une aile différente. Elle était donc obligée d'aller le chercher.

L'aide-soignante réussit à récupérer le cadeau et l'offrit, réemballé avec hâte et maladresse après être ouvert par erreur, à Maman. Une assez belle robe de chambre rose, mais un peu tard – le mal avait été fait.

J'insistai pour que Maman soit emmenée tout de suite pour être nettoyée et changée, habillée de vêtements frais, puis ramenée. Ensuite, je la bichonnai un bon moment et l'aidai à ouvrir tous les petits cadeaux que j'avais apportés. Je pensai qu'elle apprécierait plusieurs petites choses plutôt qu'un unique grand cadeau – ce qui semblait être le cas.

Cependant, lorsque je fus sur le point de partir, son verdict sur l'affaire globale fut : « *Mother, Mother, it's a bugger, sell the pig and buy me OUT* ! », dit avec encore plus d'émotion que d'habitude.

Triste à dire, mais c'était une attitude qui prévalait, même dans un foyer de soins où le personnel aurait dû être mieux avisé. À une autre occasion, alors que j'étais assise avec Maman et qu'on discutait en buvant du thé, la gérante du foyer débarqua et, sans même nous saluer – certainement pas Maman – fourra une bague sous mon nez et demanda : « Cette bague, appartient-elle à votre mère ? »

J'étais consternée par le manque de tact et de bonnes manières. Je pris simplement la bague, la passa à Maman et lui demandai si c'était la sienne.

« Non, je n'en ai pas une comme celle-là, répondit-elle, je ne sais pas à qui elle appartient ; je ne l'ai jamais vue auparavant. »

Ce qui fut peut-être plus dérangeant dans cet incident et l'attitude qu'il illustrait, survint lorsque j'en parlai avec la gérante plus tard et lui dis à quel point je l'avais trouvée impolie : elle dit simplement qu'elle avait présumé que Maman n'aurait pas su et aurait voulu revendiquer la bague pour elle-même.

Il y eut une autre occasion où Maman se trouva exclue à cause d'être la seule du groupe à ne pas parler gallois. Certain résidents avaient droit aux petites sorties dans le minibus du foyer, pour visiter les attractions de la région.

Une sortie les emmena dans une réserve ornithologique locale et Maman avait la permission d'y participer. Je décidai que j'allais suivre, car je ne l'avais encore jamais visitée. Donc, je m'y rendis séparément dans ma petite fourgonnette, pour que Meic puisse m'accompagner, et je retrouvai les résidents et le personnel juste en train d'arriver pour commencer leur tour de la réserve.

J'étais si contente de les avoir suivis. L'aide-soignante désignée de Maman y était et elle prenait les choses en main. Elle prit des dépliants sur la réserve et ses divers oiseaux, et les distribua à tous les résidents.

À tous sauf Maman. Les dépliants étaient en gallois, donc, l'aide-soignante n'a simplement rien donné à Maman qui visiblement, encore une fois, se sentait laissée pour compte.

Du coup, je pris un des dépliants en anglais, facilement disponibles, et le donnai à ma mère pour qu'elle ait, comme tous les autres, quelque chose à la main pendant notre tour. Elle l'avait à peine regardé, mais peu importe. Au moins, elle se sentait comme tout le monde.

Mon frère avait désormais entamé la tâche de transporter nos biens collectifs jusqu'à la nouvelle maison, la *pink house*. Il était devenu ami du propriétaire de l'entreprise de location de bennes qu'il utilisait pour au moins commencer à vider sa maison au Pays de Galles.

L'homme était un ex-boxeur, un personnage haut en couleurs, qui sauta sur l'occasion de conduire mon frère et son camion de déménageur en France avec le premier chargement d'affaires.

Celle-ci serait sa première expérience du tunnel sous la Manche et, visiblement, il avait du mal à appréhender le concept global. Pendant le trajet à Folkestone, mon frère l'entendit dire à un ami sur son portable qu'il était en route pour le pont vers la France et qu'il arriverait de l'autre côté à Carlisle (la ville au nord-ouest d'Angleterre).

En outre, mon frère avait définitivement décidé que, plutôt que de dépenser une somme importante pour transporter Maman par avion, il préférerait acheter un camping-car, aménagé avec salle d'eau et toilettes, et la transporter ainsi avec des infirmières qui accompagnaient.

Ce qui voulait dire qu'il aurait le camping-car comme bien de valeur ensuite et, si l'état de santé de Maman nous inquiétait pendant le trajet, il serait assez simple de dévier vers l'hôpital le plus proche pour des soins médicaux.

Je continuai la lutte avec le foyer au sujet des lamentables normes de soins. L'aide auditive de Maman était souvent omise lors de la routine matinale de l'habillage, ce qui présentait de vraies difficultés pour lui parler quand elle ne la portait pas.

Une fois, on essayait de lui donner des nouvelles d'une de nos cousines luxembourgeoises, Nadine (Na-*diiiiine* !). Maman avait l'air perplexe et demanda : « *The Dingley ? What's The Dingley ?* » (C'est quoi, la Dingley ?) – après quoi, le camping-car acheté par mon frère pour le voyage portait toujours comme surnom The Dingley.

Grâce aux efforts du style scout-muni-de-canif sur mon appendice, ma cicatrice ne guérissait que très lentement et, à un moment donné, sembla même s'infecter légèrement. Je ne pouvais pas encore faire grand-chose, mais je faisais mon possible pour garder la maison de mon frère propre et présentable, et la faire visiter par un défilé d'acheteurs potentiels.

Certains dirent qu'elle était « intéressante ». Certains revinrent pour une contre-visite, traînant d'autres dans leur sillage, mais je crois que c'était plutôt pour partager la nouveauté d'un bien aussi bizarre. Aucun ne semblait disposé à faire une offre.

En plus, le marché de l'immobilier commençait à baisser fortement, les prix chutaient et les ventes arrivaient au point mort.

On concevait d'emménager dans la *pink house* mi-mars, et on espérait pouvoir y être installés tous avant le vingt-huit, qui serait les quatre-vingt-dix ans de Maman.

Mon frère avait trouvé en ligne un camping-car qui lui semblait bien, pas loin du dépôt hors route où il garait son bus. On y alla, jeta un coup d'œil, et il décida de l'acheter. Il y avait un banc tout le long d'un côté qui servait comme petit lit, et le salon avec son coin repas était transformable en grand lit. Ainsi, si Maman était trop fatiguée pour voyager assise, elle pourrait facilement être couchée.

Récemment, on avait eu un petit problème avec son mal des transports. Elle se plaignait souvent des douleurs du dos à cause de l'ostéoporose et son traitement était des timbres transdermiques de morphine qui avaient tendance à lui donner des nausées. Mais avec des infirmières à bord, on pensait que ce problème pourrait probablement être surmonté.

Toutes les aides-soignantes du foyer où elle habitait n'étaient pas mauvaises. Deux en particulier étaient très bien : deux femmes bulgares qui semblaient nettement plus éveillées que la plupart des autres, y compris certaines des infirmières principales – surtout celles qui se trompaient en prenant les symptômes de la déshydratation et du muguet pour les séquelles d'avoir mangé de la confiture.

On engagea une infirmière qualifiée d'une agence extérieure pour accompagner Maman sur le trajet. Elle vint rencontrer Maman et elles s'entendirent à merveille. Elle voyagerait avec nous jusqu'à la *pink house* et elle rentrerait au RU dès notre arrivée.

Cependant, on pensait qu'il serait agréable pour Maman – et très utile pour moi – si une des personnes qui l'avaient soignée pendant ces huit derniers mois pouvait la suivre et, peut-être, rester un ou deux jours pour m'aider à m'habituer à la routine.

Il faut bien dire que je ne savais pas vraiment ce que j'entreprenais. Je n'avais même pas eu de bébé, ni m'en étais jamais occupé. Tout d'un coup, je serais chargée, et en solo, de ce qui était effectivement un bébé de quatre-vingt-dix ans, fortement dépendant et incontinent, bien que – heureusement – pas doublement.

Donc, plutôt dans l'espoir que dans l'anticipation, on mit une annonce dans le foyer pour une personne pour nous accompagner, passer quelques jours – y compris du temps libre – et jouir d'un voyage de retour, tous frais payés, à bord de l'Eurostar, et le tout à un tarif un peu au-dessus de la normale pour une aide-soignante.

Nous avons été vraiment ravis lorsqu'une des aides-soignantes bulgares – de loin la meilleure – dit qu'elle aimerait le faire. Elle avait de telles compétences qu'on ne comprenait pas pourquoi elle ne faisait qu'un boulot d'aide-soignante mal payé quand, évidemment, elle avait une formation bien supérieure.

Une fois qu'on commença à lui parler, on découvrit qu'en Bulgarie elle avait été formée et qualifiée comme infirmière et y avait travaillé comme telle. Mais elle n'était pas douée pour les langues et son anglais n'était pas au niveau pour lui permettre de travailler comme infirmière au RU. Se trouver supervisée par des gens moins bien qualifiés et nettement moins compétents devait s'avérer tellement difficile pour elle, mais elle se montrait toujours très professionnelle et, surtout, toujours chaleureuse et bienveillante envers Maman.

Il y eut inévitablement des accros de dernière minute. Renouveler le passeport de Maman dans les délais s'avéra plus difficile que prévu. C'était évident qu'elle ne pouvait pas faire le trajet pour aller au bureau des passeports en personne – au RU le service est centralisé sur sept bureaux pour tout le pays. Donc, mon frère devait aller le faire pour elle. Les renseignements par téléphone, pour savoir quels documents il fallait présenter, étaient moins qu'utiles.

Maman avait mis en place une procuration perpétuelle pour toutes ses affaires lorsqu'elle en était encore capable. Mon frère et moi étions désignés mandataires joints. Nous expliquâmes ceci au téléphone et on nous dit que c'était acceptable, à condition que Maman rédige et signe une lettre pour confirmer qu'elle l'avait fait.

Euh – la raison de la procuration était précisément qu'elle n'était plus capable de s'occuper de ses propres affaires. Si elle était capable de rédiger une telle lettre, elle serait capable de faire sa demande de passeport elle-même. De fait, elle n'était plus capable de tenir un stylo la plupart du temps, encore moins de signer quoi que ce soit.

Heureusement, un saut chez son généraliste régla le problème. Il était prêt à rédiger et à signer une lettre d'explication qui confirmerait son identité et les circonstances. En plus, il ne semblait pas trouver l'idée de l'emmener en France si extravagante que ça, contrairement à tout le personnel du foyer de soins. Son attitude était qu'elle frôlait les quatre-vingt-dix ans et le pronostic n'était pas très favorable. Donc, pourquoi ne pas lui donner la chance d'une dernière aventure ?

Ainsi, le matin du dix-huit mars 2007, nous quittâmes le foyer de soins pour la dernière fois en convoi. Mon frère conduisait The Dingley, l'aide-soignante bulgare à l'arrière avec Maman, et je suivais avec Meic dans ma petite fourgonnette bleue que j'avais surnommée – avec toute l'imagination et l'originalité qui fait de moi une bonne rédactrice – Blue.

L'aventure avait vraiment démarré. On était enfin en route pour la France !

Chapitre 26

Bienvenue, welcome en France

C'était un bon bout de route jusqu'à Folkestone. Malgré les équipements à bord, il fallut arrêter le camping-car quelquefois à cause du mal des transports de Maman. Mais on y arriva et se mit dans la file d'attente pour embarquer dans le Shuttle.

Je comptais suivre mon frère, ce qui, avec le recul, ne s'avéra pas un plan merveilleux et qui ne me ressemblait pas vraiment.

Il avait réservé des chambres à l'Hôtel Kyriad, Calais : une pour Maman et les aides-soignantes et une autre pour lui, mais je me suis déclarée contente de dormir dans The Dingley avec Meic, n'ayant pas encore compris à quel point les chiens sont bienvenus partout, ou presque, en France, y compris dans beaucoup d'hôtels – à la différence du RU. Je ne connaissais pas la route jusqu'à l'hôtel, mais je prévoyais de suivre le camping-car.

Le hasard voulut que, au moment d'embarquer, on m'indiqua de suivre une voie différente et je me trouvai chargée dans un tout autre compartiment du train-navette. Voilà pour mon idée du convoi et, bien sûr, mon portable ne capta aucun signal pour pouvoir contacter mon frère.

Le temps qu'on arrive en France, il faisait nuit noire. Je décidai de sortir du terminal pour voir comment les choses se présentaient et je me réjouis de trouver si rapidement des panneaux d'indication pour l'Hôtel Kyriad.

Gonflée de triomphalisme, je trouvai vite l'hôtel même et tournai la fourgonnette dans le parking. Il n'y avait aucun signe du Dingley, alors, je présumai que les autres voyageurs avait dû débarquer après moi. Donc, Meic et moi allâmes nous dégourdir les pattes – ce qui n'était pas trop tôt – autour du parking et ses alentours.

Toujours pas de signe du camping-car. À ce moment, je commençai à défaillir un peu et, comme The Dingley devait être mon hébergement pour la nuit, je n'avais nulle part pour aller faire un petit somme en attendant.

Je me rendis à l'accueil et demandai quelles chambres mon frère avait réservées, croyant que je pourrais m'en octroyer une pour une dizaine de minutes avant l'arrivée des autres. Le réceptionniste ne trouva aucune trace d'une réservation à notre nom.

Mais au moins j'avais à présent un signal de mobile, donc, j'appelai mon frère et lui demandai où il était.

« À l'Hôtel Kyriad, répondit-il – comme si c'était une question vraiment bête.

– Eh, ben, je suis à l'Hôtel Kyriad, répondis-je, je

ne vois aucune trace ni de vous, ni du Dingley, et le réceptionniste n'a jamais entendu parler de toi. »

Je retournai à la réception. Bien sûr, il y avait deux Hôtels Kyriad à Calais. On était tous deux dans un différent.

Après un trajet quelque peu fatigant, essayant de trouver et de suivre les indications pour l'autre Kyriad, j'arrivai et retrouvai les autres voyageurs las, qui se proposaient d'aller dîner.

Au bout d'une journée si longue et si difficile, je n'étais pas emballée à l'idée de laisser Meic seul dans la fourgonnette pendant que je les suivais, surtout dans ce quartier un peu douteux. Mais, encore une fois, je n'avais pas compris la différence entre les cultures française et britannique envers les chiens dans les lieux de restauration.

Lorsqu'on demanda si un chien bien éduqué pourrait nous accompagner à table, le serveur dit que bien sûr, comme si c'était la chose la plus naturelle du monde et que la question ne se posait même pas. Meic était ravi et s'installa tranquillement à mes pieds, visiblement très content de sa première expérience d'être un chien français.

Nous étions tous vraiment fatigués. Cependant, Maman était assez vive pour bien apprécier son repas. Elle ne semblait pas être marquée par son voyage jusqu'à là, donc, on a fait beaucoup mieux que les pessimistes avaient prédit : on l'avait emmenée en France.

Néanmoins, le temps que ses deux aides-soignantes l'emmènent et la préparent pour se coucher, je soupçonne qu'elle était aussi soulagée que nous autres de se retrouver enfin en train de poser la tête sur un oreiller et de s'étendre pour dormir.

Le lendemain nous prîmes tous, y compris Meic, le petit déjeuner ensemble, puis ce fut l'heure du départ pour la dernière étape de notre long voyage. La plupart des gens mettent environ sept heures entre les ports de la Manche et Clermont-Ferrand par le réseau d'autoroutes, et nous ciblions une destination une trentaine de kilomètres au nord de là.

Bien sûr, vu la haine quasi-pathologique de mon frère pour les autoroutes, il n'épargne aucun effort pour les éviter, même si ainsi il prolonge le trajet de plusieurs kilomètres. C'est vrai en particulier pour l'infâme Périphérique parisien. Avouons que par moments il est un goulot d'étranglement à rivaliser avec la M25 autour de Londres. Mais, si on s'y prend au bon moment, c'est tout à fait possible de s'en sortir rapidement et, ainsi, de réduire le trajet de quelques kilomètres non négligeables.

Le parcours préféré de mon frère passe par Reims. Si vous ne connaissez pas cette ville, cherchez-la sur une carte et voyez si cette route vous semble être la plus logique.

Pour être juste, il ne pouvait pas savoir qu'il surviendrait un accident à cet endroit précis qui nous bloquerait à un carrefour pendant une bonne heure. Le résultat fut que notre temps au volant excéda finalement treize heures.

Bien que conduire le grand camping-car avec Maman à l'arrière soit probablement fatigant et stressant pour mon frère, au moins il avait la compagnie des deux aides-soignantes qui pouvaient lui passer de quoi manger et boire, et le tenir éveillé.

Quant à moi, j'étais seule avec Meic et, au fur et à mesure que les heures se déroulaient et que nous ne semblions pas plus proches de notre destination, je commençais à me demander si je ne faisais pas une énorme erreur.

Arrêtez le monde, je veux en descendre !

J'étais en train de penser qu'on devait être très proche lorsque je vis un panneau pour Vichy, que je savais être encore assez loin de notre destination, et je ne pouvais pas empêcher quelques larmes de simple épuisement et une touche de désespoir fuir de mes yeux.

À ce moment, j'avais passé treize heures au volant – avec des pauses, bien sûr, pour les petits besoins de Meic et de moi-même, et pour manger. Je doutais sérieusement que je puisse tenir et aller beaucoup plus loin, fatiguée comme j'étais.

Mais, tout d'un coup, on gravissait la pente raide familière et tournait dans l'allée de la *pink house*. Nous avions réussi, contre toute attente. Nous étions arrivés en France – nous tous. La nouvelle aventure avait commencé.

Serait-elle un succès ? Comment Maman trouverait-elle cette nouvelle vie, si longue dans sa préparation et si difficile dans son exécution ?

Avais-je bien fait, ou est-ce que j'enverrais à mes amis sous peu des SMS désespérés demandant qu'on m'en sorte : « *Mother, Mother, it's a bugger, sell the pig and buy me OUT »* ?

FIN

Note de l'auteur : Pendant mon enfance, lorsque ma mère me lisait des histoires, elle disait toujours à haute voix les mots « The End » (fin), avec grand emphase à la fin de chacune d'elles. Je l'inclus ici à sa mémoire.

Note sur l'auteur

Tottie Limejuice est un nom de plume de Lesley Tither, ancienne journaliste reconvertie en rédactrice publicitaire et éditeur freelance, installée en Auvergne depuis 2007. Passionnée de nature et de campagne, elle adore se promener et camper avec ses chiens, et cultiver son jardin bio.

« Maman, vends le cochon » est le premier volume de la série qui continue avec « Maman, c'est un volcan » et « Maman, en valait-il la chandelle ? » – à suivre en traduction française. Ces livres sont disponibles en version originale anglaise : « Sell The Pig », « Is That Billinge Lump? » et « Mother, Was It Worth It? », en format électronique ou imprimé. En avant-première, vous trouverez ci-après le premier chapitre de « Maman, c'est un volcan ».

Si votre lecture vous a plu, merci de penser à partager votre avis sur Amazon.

Pour suivre l'auteur ou la contacter (en anglais ou en français) :

Email - sellthepig@hotmail.com

Site web - http://tottielimejuice.com/

Facebook -
www.facebook.com/groups/1450797141836111/

Twitter - https://twitter.com/tottielimejuice

Maman, c'est un volcan

Tottie Limejuice

(premier chapitre)

traduit de l'anglais par Alison Sabedoria

Chapitre 1

ÉpoussETER vos aspidistras?

Cette sensation. Lorsqu'on ouvre les yeux et on n'a pas la moindre idée d'où on est. En dépit de mon horloge biologique qui m'assurait qu'il faisait bien jour, dans la pièce, il faisait nuit noire. Mes yeux semblaient fonctionner normalement mais, après les avoir clignés rapidement quelques fois, l'obscurité était toujours totale.

C'est alors qu'il me revint : hier j'étais arrivée en France pour commencer une nouvelle vie. Il faisait noir dans la chambre chez mon frère, à cause des volets en bois qui restaient encore fermés. Nous avions appelé la maison « *the pink house* » (la maison rose), car sur l'imprimé de l'agence immobilière, elle paraissait d'un rose charmant – bien que cette teinte soit ensuite délavé en quelque chose de plus sale et terne, comme lorsqu'on met par mégarde un vêtement rouge dans la lessive avec ses dessous.

Je n'arrivai pas à trouver un interrupteur pour allumer dans l'obscurité d'une chambre inconnue, donc, je me tirai du lit – ou plutôt du matelas posé par terre sur lequel j'avais passé la nuit, puisque mon propre lit mezzanine n'était pas encore remonté. Mon border collie Meic (dit « Mike ») dormait encore du sommeil d'un vieux chien qui avait passé treize heures la veille dans ma fourgonnette Opel bleue, sur le trajet entre Calais et notre nouveau chez nous en Auvergne.

Je titubai vers où je pensais trouver la fenêtre, réussis en tâtonnant à la défaire, et ouvris tout grands les volets. La chambre qui serait la mienne pour l'avenir prévisible était face à l'est. Le soleil matinal rentra, rayonnant déjà sur une journée qui s'annonçait belle.

Il était temps d'aller vérifier la raison pour le déménagement. Dans la chambre qui jouxtait la mienne se trouvait ma mère, âgée de quatre-vingt-neuf ans, qui – accompagnée de deux infirmières pour s'en occuper en route – avait traversé la France en camping-car. Ce véhicule, surnommé affectueusement *The Dingley*, fut conduit pas mon frère, alcoolique à mi-temps atteint d'une maladie dépressive.

Contre toute attente – et les conseils d'innombrables personnes qui croyaient que nous étions absolument fous à lier – nous avions décidé de déraciner Maman du Royaume Uni et de l'amener en France. Nous cherchions une meilleure qualité de vie et, surtout, une qualité supérieure de soins.

Maman avait la démence vasculaire, ce qu'on appelait autrefois devenir « un peu sénile » ou « un peu gâteuse ». Heureusement, elle ne souffrait pas de la maladie d'Alzheimer, mais c'est certain qu'elle n'avait plus toute sa tête. Sa mémoire à court terme s'était réduite à quelques secondes, une minute ou deux, au mieux. Pourtant, elle se souvenait encore de tous les poèmes de sa jeunesse, qu'elle était contente de réciter plusieurs douzaines de fois par jour, et elle savait toujours qui j'étais.

Je frappai à la porte de sa chambre et je rentrai. Les deux infirmières – l'une d'une agence, l'autre de la maison de retraite où Maman vivait avant le déménagement, l'avaient levée, lavée et habillée, et finissaient d'arranger ses cheveux.

Pour une personne de quatre-vingt-neuf ans, avec un cœur fragile et maints autres contrindications, sans oublier sa démence – qui, selon toutes les infirmières et aides-soignantes au foyer sauf une, n'allait jamais survivre à un voyage routier et par le tunnel sous la Manche de plus de deux mille kilomètres – elle paraissait remarquablement vive. Elle me fit signe de m'approcher d'un geste de main impérieux.

« Je vous présente ma fille », dit-elle aux deux infirmières, un peu comme si elle me présentait à la cour, bien qu'elles sachent qui j'étais.

Maman avait toujours un caractère bien trempé, même quand elle avait encore toute sa tête. Son sens de l'humour espiègle menait à quelques situations hilarantes, même avant la démence, avec sa façon presque enfantine de dire exactement ce qu'elle pensait.

Lors d'une occasion inoubliable, avec mon amie Jill, je l'avais amenée pour des vacances dans un appartement sur la Costa de la Luz, au sud de l'Espagne. C'était l'anniversaire du décès de mon père et à Stockport, où habitait Maman, il faisait froid, humide et morne dans ces premiers jours de novembre. Donc, je pensais que changer d'air et voir du soleil pourrait lui faire du bien.

On déjeunait dans un restaurant de poissons que Jill et moi avions découvert au cours de notre séjour de l'année précédente. Il était sans prétentions, peu cher et proposait des poissons si frais qu'on y retrouvait le vrai goût iodé de l'Atlantique.

La décoration consistait en un défoncement en plein milieu du sol, rempli de plusieurs pots de plantes et de verdure, qui avaient toujours l'air un peu poussiéreuses.

Lorsque le serveur passait à côté de notre table, Maman me dit : « Dis à ce jeune homme que ses aspidistras ont besoin d'être époussetés. »

Je regardai le jeune homme aux fesses fermes dans son pantalon invraisemblablement moulant, qui attendait avec intérêt, sentant qu'un commentaire lui serait adressé. Mais, tout bien considéré, même si j'avais eu le vocabulaire espagnol, je n'allais pas risquer lui dire : « Ma mère aimerait épousseter vos aspidistras ».

Le premier jour de notre nouvelle vie en France, nous nous retrouvions tous dans la cuisine pour le petit déjeuner. J'avais déjà sorti le vieux et patient Meic pour qu'il se dégourdisse les pattes et fasse ses besoins.

Mon frère s'était levé en bonne forme – ce qui n'est jamais un pari sûr, vu son alcoolisme. Mais une bonne chose chez lui est qu'il ne boit jamais quand il doit prendre le volant. Il était resté sobre pendant tout notre trajet de deux jours au total, comme il devait trouver le chemin, et il préfère toujours suivre la route pittoresque pour éviter les autoroutes. Comme l'infirmière de l'agence rentrait chez elle ce jour-là et qu'il la conduirait à l'aéroport, il était toujours sobre.

Ils partirent pour l'aéroport directement après le petit déjeuner, accompagnés de l'autre infirmière à qui on avait promis du temps libre pour visiter la région. Je réussis à manœuvrer Maman dans son fauteuil roulant pour sortir de la baie vitrée, par ce que les Anglais appellent les « *French windows* », sur la terrasse ensoleillée orientée plein sud. Ensuite, je l'amenai un peu plus loin sur la pelouse pour qu'elle puisse voir la vue magnifique.

Nous étions arrivées en Auvergne, dans le Puy-de-Dôme. La maison surplombait la fertile Plaine de la Limagne. Par une de ces coïncidences étranges que nous offre la vie, lorsque je travaillais comme rédactrice en freelance, j'avais déjà écrit pour un client qui y travaillait, sans jamais savoir précisément où elle se trouvait.

De la maison, on ne pouvait pas voir le Puy-de-Dôme lui-même, repère emblématique de la région, mais d'autres volcans parmi la centaine dans les alentours étaient visibles, ainsi que la chaîne des Monts du Forez vers l'Est.

Maman regarda une des volcans en forme de cône et demanda : « Est-ce Billinge Lump ? »

Billinge Lump est le surnom local de Billinge Hill, le point culminant de sa ville natale St Helens, autrefois dans le Lancashire, mais absorbé aujourd'hui dans le Merseyside. Cette colline était un de nos sites préférés pour des pique-niques lorsqu'on visitait la mère de Maman, sa sœur aînée ou un de ses frères qui habitaient tous ensemble sur la colline de Bleak Hill, Eccleston.

Mamie adorait nous amener gravir Billinge Hill en saison des mûres, pour cueillir les fruits délicieux et en faire de la confiture et des tourtes. Elle était toujours très remontée si d'autres personnes avaient eu le culot de nous devancer, et elle maudissait vertement les « *thieving pickers* » (cueilleurs voleurs) qui avaient dénudé les ronces de leurs meilleurs fruits. Bien sûr, tout un chacun avait le même droit que nous à la bonté de la Nature, mais Mamie ne le voyait pas ainsi.

Mon frère et moi avions décidé de ne pas dire à Maman qu'elle s'était installée en France en permanence. Nous n'étions pas sûrs qu'elle soit capable d'assumer ce fait avec ses facultés mentales affaiblies. Elle l'aurait oublié, sans doute, cinq minutes plus tard. Mais, à court terme, nous décidâmes qu'elle serait peut-être bouleversée d'apprendre qu'elle avait quitté son pays pour toujours. Nous nous mîmes d'accord pour lui dire que nous passions des vacances en France – une idée qu'elle était certainement capable de comprendre et, probablement, aimer.

Je lui expliquai ceci, et j'indiquai l'agréable soleil chaud et la belle vue d'où on était.

« Oh, c'est très bien, ça, » me dit-elle et puis d'un coup elle indiqua un autre des petits volcans et demanda à nouveau : « Est-ce Billinge Lump ? »

Oui, Maman. Pour toi il peut bien l'être.

Il faisait un temps agréable et bon, comparé au Pays de Galles frisquet et humide qu'on avait quitté seulement deux jours auparavant. Des petits lézards bruns commençaient à paraître sur la terrasse et les murs de la *Pink house*. L'un d'eux s'attarda sur le dallage irrégulier près du fauteuil de Maman et il s'arrêta pour la regarder de cette façon intense et inscrutable qu'on les reptiliens. Il leva les pattes l'une après l'autre – une astuce qui, apparemment, évite qu'ils ne se surchauffent.

Ravie, Maman exclama : « Ah, regarde, il me fait signe ! » et se mit à pépier et lui faire signe à son tour, tout comme elle adorait pépier aux oiseaux du jardin.